古代日本人と朝鮮半島

関 裕二

PHP文庫

○本表紙図柄＝ロゼッタ・ストーン（大英博物館蔵）
○本表紙デザイン＋紋章＝上田晃郷

はじめに

仲の良い隣国など、この世に存在するのだろうか。

なぜか人類は、隣人と敵対する生きもののようだ。敵対するお隣はさらに向こう側の隣と敵対しているから、隣の隣は味方になるのだ。

これがいわゆる遠交近攻である。

弥生時代後期の日本列島内部でも、出雲《いずも》と丹波《たんば》が水と油の関係にあり、出雲で発達した四隅突出型墳丘墓《よすみとっしゅつがたふんきゅうぼ》は丹波を通り越して越前、越中に伝播《でんぱ》し、かたや丹波は、越後と同盟関係を結んでいる。

現代も同じだ。日本と朝鮮半島は、うまくコミュニケーションがとれずにいる。

それは、隣国ゆえの宿命なのだろうか。

「仲良くやっていくべきだ」と、啓蒙する気などさらさらない。だからといって、

「もっと日本の正義を主張すべきだ」と声を張り上げたいわけでもない。

せめて、日本と朝鮮半島の関係を、古代にまで溯《さかのぼ》って見つめ直し、「なぜあんなわけの分からないことを言い出すのか」「なぜ、互いの主張が平行線を辿《たど》るのか」などなど、日本と朝鮮半島の間に横たわる謎を解き明かすためのヒントを見つけてほしいと願うだけだ。

日本と朝鮮半島は、長い間、交流を重ねてきたのに、なぜここまで、文化、風習、思想に違いがあるのだろう。

日本と朝鮮半島の間を対馬海峡が隔てているが、縄文時代にはすでに往き来があって、九州北西部と朝鮮半島最南端沿岸部は、一時同一文化圏のような状態にあった。

しかも、朝鮮半島の人びとは、ひとたび政争に敗れ、身の危険を感じると、日本列島に逃れてきたから、現代人に占める渡来系の血の割合は、けっして少なくない。

それにもかかわらず、なぜ二つの地域は、対立し、批難し、お互いを理解できないのだろう。

ここに、「地勢上の必然」という問題が隠されている。

日本列島は、ユーラシア大陸から見て最果ての地で、文物の吹きだまりになった。また中国やシルクロードの先からやってくる先進の文物は、朝鮮半島を経由してもたらされた。

朝鮮半島側には、「われわれの知識を日本に教えている」という優越感が芽生えただろう。

しかし、古代の半島人が知識や先進の文物を善意で日本人に渡していたはずはなく、それは基本的に「対等な交易」だったろうから、半島人が感じていた優位性に関して、古代の日本人は無頓着だったろう。

ここに、二つの地域のすれ違いの素地がある。

さらに、ヤマト朝廷は朝鮮半島に盛んに遠征軍を送り込み、高句麗《こうくり》の南下をくい止めていたのだから、当然の見返りを獲得しているに過ぎないと思っていただろう。

また、政争に敗れて逃げてきた半島人を「受け入れてあげている」という思いもあったかもしれない。

だから、当時の列島人は朝鮮半島に対して、負い目を感じることもなかったはずだ。

ここで指摘しておきたいことは二点ある。

まず第一に、青銅器が日本にもたらされる以前、すでに日本列島には、一万年の縄文時代があって、現代人の想像を遥かにしのぐ、独自の文化を形成していたこと、そして第二に、「縄文文化という確固たる基礎」が出来上がっていたので、次から次へとやってくる新たな文物や発想（思想や信仰、政治制度）に、すぐに適応していったことだ。

すべてを受け入れるのではなく、取捨選択し、不必要なものには見向きもせず、気に入ったものには磨きをかけ、いつの間にか実物を凌駕《りようが》してしまった。

仏教美術が日本にやってきて、ようやく完成したと言われるのも、このあたりの事情と関わっている。

日本が縄文時代以来、「けっして世界で一番にはなれなかったが、そこそこの繁栄」を継続し、独自の文化を発展させてきたのは、このような奇妙な特技を持ち合わせていたことと無縁ではないだろう。

地理的に吹きだまりだから、先進の文物を受け売りして、それを日本から「弟分」の地域や国に「下賜《かし》する」こともなかった。

この点日本人は、朝鮮半島の人びとのような「やや屈折したプライド」を抱くこともなく、個性的で独自な文明を築き上げたのではなかろうか。

そして、「われわれがすべて教えた」と信じて止まない隣国にすれば、日本的な感性が今世界で称賛されるのが、たまらなく口惜しくて仕方がないのだと思う。「何もかも韓国が起源だ」と主張してくることも、鷹揚《おうよう》に受けとめなければなるまい。

そうなのだ。「最果ての地」「吹きだまり」だったことが、太古から現代に至るまで、日本人の素質を決定づけてきた最大の原因だったのではないかと思えてくる。

結論を先に言ってしまえば、お人好しで戦いに弱く、争いに敗れ追い出されてきた人間が、最後に辿り着いたのが日本列島であり、もう逃げ場がない列島人は、この地でいかに生きのびるかを模索したのだろう。

幸い、海に囲まれ、外敵を寄せ付けない地の利の中で、人びとは共存の道を探っていったのである。

文物の通り道であるがゆえに、つねに隣国の侵略の脅威に怯《おび》え続けてきた朝鮮半島の人たちとは、根本的な発想が違っていたのだ。

「文物の通り道（朝鮮半島）」と「最果ての地（日本列島）」に別れた人たちの意思疎通がうまくいかないことは、むしろ当然のことなのだ。

ならばどうすればよいのだろう。

まず、人類の誕生まで溯り、日本人の起源、古代の日朝外交史を見つめ直し、なぜ二つの地域の人間は違うのか、どこに差があるのか、その実態を見つめ直すところから、相互理解の第一歩にしてみたい。

そこで、一部私見と独自の推理を交えながらも、古代史と外交史の事実を淡々と積み上げていきたいと思うのである。

古代日本人と朝鮮半島　目次

第二章　神話と史実から見えてくる日朝関係の意外な姿

第三章　倭の五王と伽耶滅亡の真相

第四章　朝鮮半島諸国のロビー活動と蘇我氏の外交政策

本書は、二〇一五年十二月にＰＨＰ研究所より発刊された『なぜ日本と朝鮮半島は仲が悪いのか』を改題し、加筆・修正したものである。

序章　日本人はどこからやってきたのか

人はなぜルーツを探るのか

人はなぜ、ルーツを知りたくなるのだろう。それは、集団や民族の歴史をひもとくことに通じるからだろう。

人や社会、国家は、つねにいくつもの分かれ道に遭遇する。何度も選択を迫られる。

選ぶ基準は「なぜ今そこにいるのか」「今まで何があって、これから何をしようとしているのか」であり、要するに選択とは、「過去を知り、歴史に学ぶ」ことから導きだされる結論のことと思い至る。

個人も国家も同じだ。だから、自分の過去を溯り、さらに御先祖様、日本人の歴史を学ぶ意味があるのだ。

そして、突きつめていけば、民族のルーツを辿ってみたくなるのだ。何ごとも、根源をしっかり把握しておくことが肝心なのだ。

そこでまず、日本人のルーツを探っておく必要がある。

すでに明治時代から、日本人のルーツ探しは始まっていた。オランダ商館の医師だったシーボルトの子でオーストリア＝ハンガリー帝国の外交官だったＨ・シーボルトは、縄文人はアイヌ人と推理した。

解剖学者で人類学者の小金井良精《こがねいよしきよ》や考古学者で人類学者の鳥居龍蔵《とりいりゅうぞう》も、アイヌが先住民で縄文人と考え、現日本人（和人）は、そのあとアジア大陸からやってきた固有の民族と推理し、縄文人は駆逐され、人種は交替したと考えたのだ。

昭和になると、形質人類学が盛んになり、人骨資料をもとに、新たな推理が生まれた。

医学者で人類学者の清野謙次《きよのけんじ》は、人骨の計測値から、縄文人はアイヌよりも現代日本人に近いこと、縄文人が日本人の先祖だが、周囲の諸集団と混血することで変化し、現代の日本人になったと指摘した。

その一方で、解剖学者で人類学者の長谷部言人《はせべことんど》は、人種の交替や混血はなく、縄文人がそのまま変化して、現代人になったと主張した。

戦中・戦後になると、少し視点を変えた推理が登場する。

民族学者・岡正雄は、日本の文化は内的、自生的な発展によって今日に至ったのではなく、民族移動・伝播によって混ざり合い、接触して生まれたと指摘した。たとえば『日本書紀』や『古事記』の神話にも、日本民族の特徴が表れているという。

皇室神話のもっとも大切な神は天照大神《あまてらすおおみかみ》と信じられているが、葦原中国平定《あしはらのなかつくにへいてい》神話の中で活躍した最高人格神は天照大神ひとりではなく、高皇産霊神《たかみむすひのかみ》がいたことを重視した。

『日本書紀』や『古事記』では、天照大神よりも大事に扱われていて、政治的な意味において天照大神を凌駕していたから、高皇産霊神が主神と考えざるを得ないとする。

二柱の神の神話は、本来独立した異系神話で、高皇産霊神を主神とする神話では、孫を山の頂に降下させるが、これは古朝鮮の檀君《だんくん》神話や伽耶《かや》の開国神話とよく似ていると指摘している。

さらに、神話の故郷を、次のように割り出している。

イザナキ・イザナミの神話は、母系的で陸稲《りくとう》栽培を行っていた狩猟文化的で、天孫降臨《てんそんこうりん》神話は父権的な支配者文化、仮面来訪神《かめんらいほうしん》は、母系的で芋栽培の狩猟民文化を感じ、シャマニズム神話は、父系的で畑作、狩猟、飼育文化を、海幸山幸《うみさちやまさち》神話からは、男性的で年齢階梯《かいてい》制的で、水稲栽培、漁撈《ぎょろう》民文化が読み取れるという。

そして『日本書紀』や『古事記』は、東南アジア、オセアニアの古層文化、朝鮮半島、中央アジア、シベリア諸民族、弥生時代の倭人《わじん》といった、重層的な神話を構築していたと指摘したのだ。

時代とともに移り変わった推論

岡正雄は、神話のみならず社会構造も、重層的に捉えた。

すなわち、(a)父系的な親族集団たる単系同族、(b)男性的な双系的年齢階梯制、(c)母系制で構成されていると指摘したのだ。

これも、複数の民族が日本に渡来したためと推理し、次のように述べている（『岡正雄論文集　異人その他』大林太良編、岩波文庫）。

日本島に渡来した民族ないし種族は、少なくとも数種に及び、これらの異系民族は、時の経過の間に重層・混合したが、西暦紀元後間もないころ、東北中国にいたある種族（高句麗族または扶余族《ふよぞく》に近い民族）が移動を起し、朝鮮半島を比較的短期間に南下し、日本列島に上陸し、先住の稲作種族や乾畑農耕種族や漁撈・農耕種族を征服して大和に国を建てた（前掲書）。

まだ、考古学も遺伝子をめぐる研究も未成熟だった時代の、ヤマト建国、民族の歴史をめぐる漠然とした常識を、この一節は表現しているように思える。

しかし、もはやこのような考えは、過去の遺物となり果てた。

戦後は考古学の視点で、次々と新しい推理が生まれた。

山口県・土井ヶ浜遺跡や佐賀県・三津永田《みつながた》遺跡から出土した弥生人の人骨が、縄文人と比べて、面長で身長が高く大きく異なっていたことをもとに、金関丈夫《かなせきたけお》は昭和三十年代に、弥生時代の始まりが大陸から人びとが流入したことによると唱えたが、当初は賛同者が少なかった。

しかし、次第に支持者が増えていったのは、次のような研究の蓄積があったからだと中橋孝博《なかはしたかひろ》は『倭人への道』（吉川弘文館）の中で述べる。要点をまとめてみる。

(1)北部九州と山口から出土した弥生人骨は、土着の縄文人のものと比べると、不連続な形態的へだたりがあった。新しく特徴的な人骨が、次第に日本各地に広がっていった。

(2)遺伝学的な分析によって、北海道と沖縄の住人が似ていて、本州域は、大陸集団と似た遺伝特性を持った人びとが流入し、両端に先住の民が追いやられた可能性が高まった。

(3)北部九州と山口地方の弥生人の祖型となる人びとが、同時代の朝鮮半島や中国に存在した。

(4)渡来文化である水田稲作の痕跡が、北部九州で最初に確認されたこと。人の流入が想定できる。

ただし、土着の縄文人と混血したものの渡来の波は継続せず、古墳時代になると、縄文人的な形質に戻ったとする（混血説）。

鈴木尚《ひさし》は、人骨の変遷を手がかりに、弥生時代と明治以降に二度、日本人の形質が変化していたことを突きとめ、これは渡来人との混血が無くとも、生活様式の変化によって十分成り立つと考えた（小進化説、移行説）。

その後、朝鮮半島南部の遺跡から、弥生時代並行期の人骨が出土し、これが面長・高身長で日本で発見された弥生人骨と似ていることから、北方モンゴロイドの大量の渡来があったのではないか、とする説も飛び出した。

人類はアフリカで生まれた？

一九六〇年代に入ると、人類学に遺伝学的な要素を組み込む潮流が生み出されていく。タンパク質の生化学的な分析が可能になったためだ。遺伝子を駆使して、人類のルーツを探る動きが活発化した。

そして、ＤＮＡの研究が飛躍的に進み、次々と新しい仮説が生み出されていったのである。

また、縄文人の祖は、今から三万年ほど前に、東南アジアのスンダランドから、日本列島に流れ着いたのではないかと推理された。

彼らが古モンゴロイドで、さらに、三万年から一万年前に、シベリア経由で渡ってきた一団も、縄文人になったというのだ。

この時、シベリアに残った人びとは、極寒の地に適応するために小進化し、朝鮮半島を経由して、弥生時代の始まりとともに、日本列島に稲作文化をもたらした人びとと考えられた。

これが新モンゴロイドと呼ばれる人たちで、凍結予防のために体毛が減り、瞼《まぶた》は一重で顔は扁平《へんぺい》となり、鼻は低くなり、凍傷になりにくい体になったという。ただし、科学の進歩はめざましく、このような推理ももはや、古びたものになっている。人類の出発点に溯って新しい考えが生み出されたのである。

かつて、新人（ホモサピエンス）の祖はネアンデルタール人などの旧人と推理されることもあったが、遺伝子の研究が進むと、この考えは否定されるようになった。

一九八七年、アメリカのレベッカ・キャンらは、ミトコンドリアＤＮＡの分析（ミトコンドリアＤＮＡは母から子に母系遺伝する）によって、現代人の祖を辿っていくと、二十万年前のアフリカのひとりの女性に行き着くと発表した。

これが「イブ仮説」と呼ばれるものだ。

また、アフリカ人はもっとも遺伝的変異に富むが、逆にそれ以外の地域の人びとは、少ない。

つまり、アフリカの地でいくつかの人種が生まれ、各地に散らばっていったと考えられるようになった。

新人は長い間アフリカに暮らし、その後、方々に散っていった可能性は高くなった。七万～六万年ほど前に、アフリカから飛び出し、世界に広がっていったという。

もっとも、この仮説はすんなり受け入れられたわけではなかった。多地域進化説を唱える学者たちから、猛烈な反論を浴びた。

中橋孝博は『倭人への道』（吉川弘文館）の中で、それを四つにまとめている。

①アフリカ起源の新人が各地の土着の人と置換することは可能か。
②最初の新人はアフリカに出現したか。その化石証拠はなにか。
③アフリカ以外の地域での最初の新人化石はアフリカ人的特徴の持ち主か。

④各地の置換の前後では化石の特徴が不連続のはずだが、本当にそうなっているか。

中橋孝博は、①の、混血することなく、先住民と新人が置き換わることがあり得るのかどうかを、もっとも疑問視している。諸条件が整わないと無理だという。圧倒的な武力差や新種の疫病《えきびょう》の蔓延《まんえん》などだ。その条件下でも、まったく混血がなかったと考えるわけにはいかないとする。

だから、考えられるのは、先住民と新人の間に、生物種の違いが生まれていたとしか考えられないと指摘する。

すなわち、馬とロバを掛け合わせて生まれたラバのように、遺伝子組成が違ってしまって、混血児が生まれても、生殖能力を持たないことになってしまった可能性であり、それは現段階では、確認できないとする。

しかし、このような疑念も、時代遅れになりそうなのだ。

明らかになってきた人類の系譜

近年、新たな研究手法（ＤＮＡ多型分析）が取り入れられ、これまでの概念が大きくゆらぎ、人類がアフリカで誕生して拡散していったことは、証明されつつある。

分子人類学という新たな手法であり、人類がどこからどこに移動していったのか、ほぼ再現できるようになったのだ。

現生人類（新人）がいつ誕生したかといえば、母方の遺伝様式を追跡できるミトコンドリアＤＮＡの分析からは、二十万年から十四万年前に、また、父方の遺伝様式を追跡できるＹ染色体の分析からは、九万年前と推定されている。

まず、二〇〇〇年に、ミトコンドリアＤＮＡの全塩基配列を用いて人類の系統にまつわる研究が発表された。全世界に展開した人類が、大きく分けて四つのグループ（クラスター）に分かれることが分かった。しかもそれは、「黒人」「白人」「黄色人種」というグループとはまったく異なるものだった。というのも、四つの中の三つはアフリカ人で、残りのひとつの中に、ヨーロッパ人とアジア人が含まれていたのだ。この結果、アフリカ人の系統が、他の世界の人びとと比べて、多くの突然変異を持っていたこと、人類がアフリカで生まれたことの証拠にもなった。また、東アフリカで遺伝子の変異が大きいことも分かっている。したがって、アフリカを飛び出したのは、この地域の人たちではないかと考えられていて、しかも最初に旅立ったのはほんの一握りの人たちで、その数は一五〇人程度ではないかと見積もられている。

また、四十七万年前に枝分かれした旧人（ネアンデルタール人など）は、新人となったわれわれの先祖と四万年前まで共存していて、異種交配があったようで、非アフリカ系のＤＮＡの二〜四パーセントがネアンデルタール人のものとする研究がある。

ならば、アフリカを飛び出したわれわれの御先祖様たちは、どのような経路を辿って、日本にやってきたのだろう。そして、どこで、他の民族と枝分かれしていったのだろう。

この謎を解き明かすために用いられるのは、ハプログループだ。民族のＤＮＡが、いつ、どのように枝分かれしてきたのかを知るために、数万年に一回ほどの割合で突然変異を起こす部分を選び、グループ分けしたのだ。これを、ハプログループと呼んでいる。

同じハプログループに属しているということは、数万年遡ると、先祖が共通ということになるのだ。また、ハプログループの分岐《ぶんき》していく様子が、人類の拡散の様子を、みごとに再現していたことになる。

東アジアに人類が進出したのは、七万〜六万年前以降のことと考えられている。アフリカを最初に飛び出したグループ（ハプログループＰ、Ｑ）は、海岸線を伝って南アジアを通り、さらにオーストラリアに向かっていた。

東南アジアには、氷河期の海面低下によって出現したスンダランドという陸地が存在したのだ。そして、海峡を渡って、オーストラリアに到達している。

オーストラリアの先住民やパプアニューギニアの人たちは、アフリカにつながる分岐の古いミトコンドリアＤＮＡの系統を持っていたのである。

東アジアの人びとは、これとは別のハプログループで、東南アジアから中国南部とバイカル湖を中心とした北方アジアの二つのグループに大別できる。

ただし、アジアの人種を形成するハプログループMとNが混在していて、複雑な系統図が出来上がる。

縄文人も寄せ集め？

では、問題の日本列島には、どこから、どのような人がやってきたのだろうか。

まずここで確認しておきたいのは、「縄文人」が、単一の民族ではなく、DNAのレベルで言えば、多くの地域から流れ着いた寄せ集めだったことだ。

現代日本人と朝鮮半島や東アジアの人びとのミトコンドリアDNA（母系）のハプログループ頻度を比較すると、よく似ていることが分かってきたのだ。

ただその一方で、朝鮮半島やアジアにはほとんど存在しない二つのハプログループがあって、それがM7aとN9bで、前者は沖縄、関東と東北、北海道の縄文人に多くのハプログループが見つかっている。後者は北海道と東北日本に多かった。

彼らは、縄文時代から現代に続く、血の流れとみなして差し支えあるまい。

ところで、のちに詳しく述べるが、稲作文化がいち早く花開いた北部九州で、不思議なことが起きている。

それは、弥生人の遺跡の朝鮮半島系の支石墓《しせきぼ》に葬られた人の中に、縄文人的な人骨（彼らを西北九州型弥生人と呼ぶ）が含まれていたことである。このため、朝鮮半島から伝えられた稲作文化を積極的に縄文人が受け入れたのではないかと疑われている。

ただし、これには反論もある。篠田謙一《しのだけんいち》は『日本人になった祖先たち』（日本放送出版協会）の中で、興味深い指摘をしている。

日本列島の縄文人と弥生人のDNAとよく似たタイプを共有するのは、日本人だが、それ以外にも、朝鮮半島と中国の遼寧省《りようねいしよう》、山東省《さんとうしよう》といった日本に近い地域の人たちと、一致する例が多いことも分かった。

しかも、朝鮮半島の人たちの中には、縄文人と同じDNA配列を持つ割合が高いといい、かなり古い段階から、朝鮮半島と日本列島の間に交流があって、特に朝鮮半島南部には、縄文人と同じDNAを持ち、よく似た姿をした人たちが暮らしていたこと、弥生時代にこの人たちが玄界灘を渡って日本列島にやってきて、支石墓に葬られたのではないか、というのである。

DNA分析の結果を見ていると、少なくとも北部九州地方と朝鮮半島の南部は、同じ地域集団だったと考えたくなります（前掲書）。

支石墓に埋葬された人物が朝鮮半島からやってきたかどうかは、判断しかねるが、朝鮮半島南部と北部九州のつながりは、たしかに強いものがあり、この仮説を無視することはできない。

日本人の染色体のハプログループは特殊だった？

ところで、ミトコンドリアDNAを研究する篠田謙一だが、ミトコンドリアDNAだけでは、日本人のルーツを探る旅は終わらないといい、次のように述べる。

正確なヒトの拡散の過程を追求するためには、ミトコンドリアDNAとY染色体の遺伝子の双方を解析して得られた結果をもって描くことが必要になります（前掲書）。

これは不思議なことなのだが、ミトコンドリアDNAの頻度は日本と朝鮮半島、中国東北部とよく似ているのに、父から息子に伝わるY染色体の場合、様子が異なるのだ。

Y染色体のハプログループを調べると、日本の場合、C、D、Oの三つの系統が九割を占めている。

Cのハプログループは、東アジア、オセアニア、シベリア、南北アメリカ大陸に分布する。

Oは、日本男性の半数を占める。日本にはO2bとO3の系統が分布するが、O2bは朝鮮半島や華北、O3は華南に広がる。

問題はD（日本人の場合D2）で、日本人男性の三〇～四〇パーセントが、このハプログループに属しているが、日本周辺で、これだけ高い頻度でDのハプログループが集まっている場所はない。

日本に特徴的なことであり、また、Dのハプログループは古くから日本列島に存在し、すなわち縄文人の流れを汲《く》んでいる可能性が高いのである。

そこでご登場願うのが、成人T細胞白血病ウイルスの調査から日本人が日本列島に特異的に残された稀な集団だと指摘した京都大学ウイルス研究所の日沼頼夫《ひぬまよりお》の愛弟子・CCC研究所の崎谷満《さきたにみつる》だ。

この人物は、日沼頼夫のDNA多型分析研究を継承し、新たな仮説を提唱している。日本人が世界的に稀な、数多くのDNAを存続させてきたと指摘する。

日本列島においてDNA多様性を維持できたことは、ある意味奇跡のような幸運であった（『新日本人の起源　神話からDNA科学へ』勉誠出版）。

では、崎谷満の主張は、どのようなものなのだろう。ポイントをまとめてみる。

まず、かつて盛んに唱えられていた日本人南方起源説に、疑問符が投げかけられた。Y染色体の系統を見る限り、日本人の祖の多くは北側経由でやってきたという。

Y染色体は、A～Tの二〇のハプログループに分かれ、AとBが、アフリカに留まった人たち、アフリカを飛び出した人たちは三つのグループに分かれ、C系統、DE系統、FT系統に分かれるが、日本人に関わりの深かったのはDとOの系統だ。

この中で、日本列島にやってきたのは、C系統（C3、C1いずれもわずか）、D系統（D2）、N系統（わずか）、O系統（ある程度のO2b、少数のO3）だ。

この中でもっとも多く分布していたのがD系統（ほとんどがD2で、D1がごくわずか含まれる。日本人男性の三〇～四〇パーセント）で、北陸と新潟は四八パーセント、東京は四〇パーセント、青森が三九パーセント、静岡で三三パーセント、九州で二六～二八パーセント、徳島で二六パーセントだ。

いわゆる形質人類学の指摘する縄文人の「東側に集住」と合致する。

C系統は人口の一〇パーセント前後存在し、北海道のアイヌでやや多い。東アジア、オセアニア、シベリア、南北アメリカ大陸に分布するが、その中でもC1の系統はインドネシアに多く、南側から日本列島に流れ込んだようだ。九州北部〇《ゼロ》パーセント、徳島一〇パーセント、静岡五パーセント、東京一パーセント、青森八パー

Y染色体ハプログループ

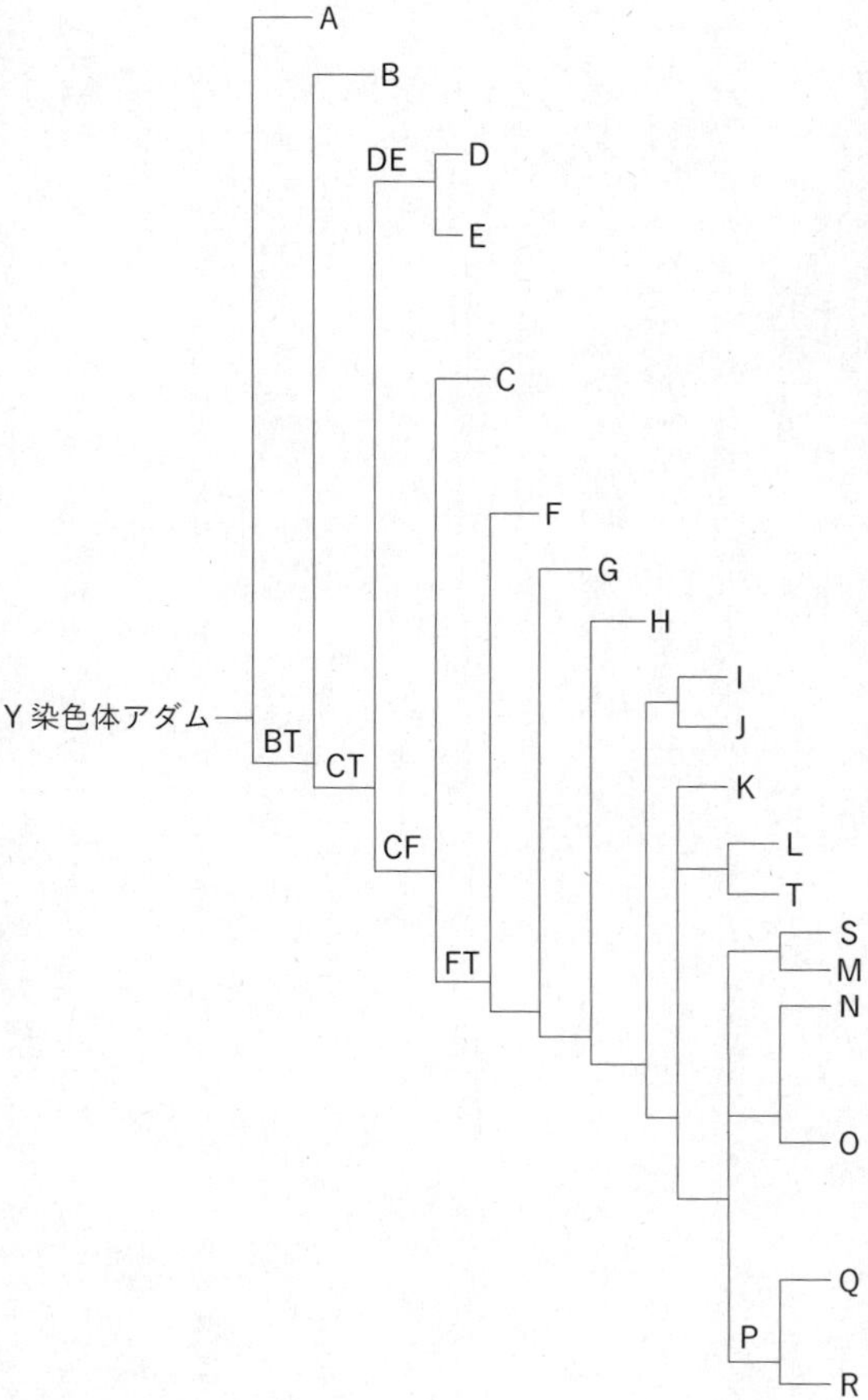

セントだ。

C3系統は、シベリアに多く見られるハプログループで、約二万年前に北海道に細石刃文化をもたらした人びとと考えられている。九州八パーセント、徳島三パーセント、静岡二パーセント、東京二パーセント、青森〇パーセントで、アイヌに見られるが、琉球には存在しない。

N系統は、新石器時代（日本では縄文時代）の人の移動を示していて、シベリア北西部と北欧に集住している。九州四パーセント、徳島七パーセント、静岡二パーセント、東京〇パーセント、青森八パーセントで、アイヌ、琉球には存在しない。

O系統は、弥生時代以降に日本に流入した可能性が高い人たちだ。O2b系統は朝鮮半島で五一パーセントと、高い割合で存在する。

O2系統は、九州三六パーセント、徳島三三パーセント、静岡三六パーセント、青森三一パーセントだ。O3系統は九州二六パーセント、徳島二一パーセント、静岡二〇パーセント、東京一四パーセント、青森一五パーセントだ。

日本人はいつどこからやってきたのか

では日本人は、いつ、どこからやってきたのだろう。

崎谷満は、⑴北アフリカからレバノン回廊を通る中東ルート、⑵東アフリカからアラビア半島を経由した南アジアルートを想定した上で、次のように指摘している。

まずC系統の分岐は、二万八千から二万七千五百年前で、アフリカを出てインドに向かい、そこから東と南に移動した。その内の一部C1系統が日本にやってきた。

彼らは航海術と貝文《かいもん》土器を新石器時代早期の日本列島南部に伝えた人びとであった可能性が強い。D2系統の人たちと共存していたようだ。

C3系統は、ユーラシア大陸東部を北上し、シベリアで繁栄し、一部は西に、一部は東に向かい、アメリカ大陸を目指した。

DE系統分岐は六万九千年、あるいは三万八千年前で、D系統は一万三千年前に

『DNAでたどる日本人10万年の旅』(昭和堂)を参考に作成

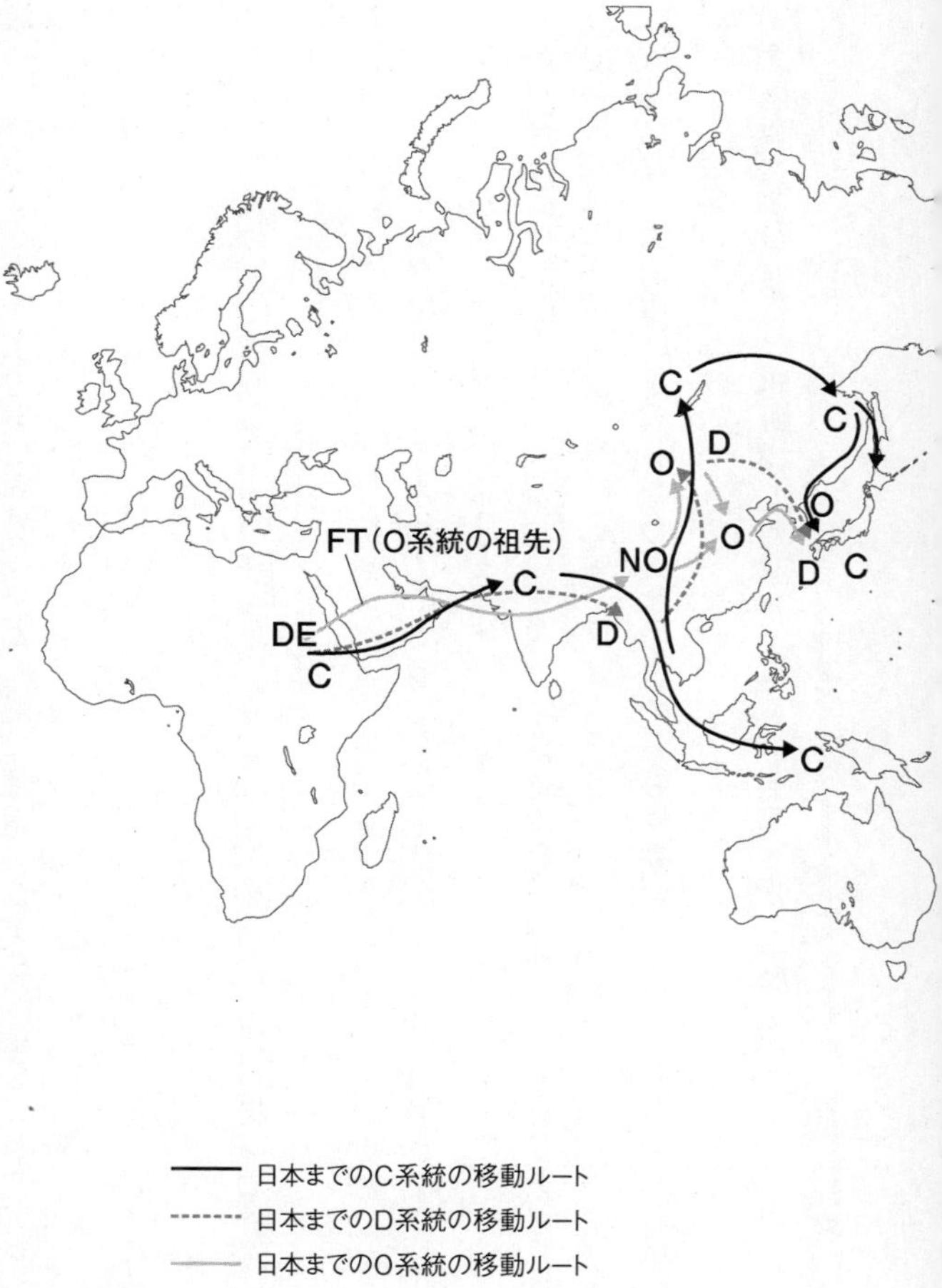
FT（O系統の祖先）
DE
C
C
D
NO
O
O
C
D
O
C
O
D
C
C
日本までのC系統の移動ルート
日本までのD系統の移動ルート
日本までのO系統の移動ルート

分岐し、ユーラシア南部を東に向かったようだ。東南アジアを経由し、華北、モンゴルに至った。

その内の一部が漢民族の圧迫から逃れるために南下し、朝鮮半島経由で日本列島に到来した。

くどいようだが、これが縄文人の中心的存在になっていった。そして、D系統の中でもD2が、圧倒的に多く見られ、D1は非常に少ない。

O系統は、ユーラシア大陸東部に集まっている。彼らの祖はアフリカを旅立ったあと、中東やインドを経て東南アジアに移動し、K祖型から、NO祖型となって東アジア南部でO系統に分岐したようだ。

その時期は、一万七千五百年前か一万七百年前で、移動開始は八千百年前と推定されている（漢民族に多いのは、O2aとO3）。

弥生時代に日本列島に流入したO2b系統の分岐時期は三千三百年前で、移動開始は二千八百年前と思われる。

Q系統は、アフリカを飛び出したFT系統（F祖型）からKT系統となって、P祖型（二万九千九百年前）から一万七千七百年前にQ系統に分岐したと思われる。

たどり着いたのは、シベリアとアメリカ大陸で、約三万四千年前のシベリアで石刃技法を作り上げ、シベリア東部から日本列島とアメリカに分かれていった。彼らこそ、後期旧石器時代に日本列島に石刃技法を持ち込んだ人びとと考えられている。

このように、日本列島には長い年月にわたって、さまざまな人びとと文化が渡ってきたのだった。

後期旧石器時代にC3系統、Q系統の移動性狩猟文化、新石器時代にD2系統（縄文文化）、C1系統（貝文文化）やN系統の人びと、弥生時代以降は、O2b、O2a系統の集団（長江文明）やO3系統（O3aは黄河文明と関わる）、O1系統（オーストロネシア系）がやってきた。

日本人の特徴は多様性

さて、これらアフリカから各地に広がっていった人たちの足跡を辿ると、どのような物語が見えてくるのだろう。

現代の日本人の体の中に占めるD2系統の割合は三割、O系統は五割だ。D系統は日本列島のほかには、チベットとインド洋のアンダマン諸島に残るだけだ。すなわち、ここに日本人の特異性が表れているわけで、中国や朝鮮半島との大きな分かれ目になっているのである。

問題は、D系統が、全体の三割残ったという数字を、どう考えるべきか、ということだろう。

篠田謙一はミトコンドリアDNAのハプログループには中国や朝鮮半島とあまり差がなかったにもかかわらず、Y染色体DNAのハプログループに大きな差があったところに注目している。

単純に考えると、「渡来系弥生人の多くが女性だった」ことになるが、これは説得力がないと指摘する。

その一方で、Y染色体は、ある条件下では、数百年の間に特定のハプログループが人口増を起こすことがあるという。それが、征服戦のような事件なのだ。

かつて弥生時代の到来とともに、日本列島に大量の渡来人が押しかけ、縄文人は駆逐され、人種は入れ替わったと信じられていたが、実際にはD系統は三割も残っ

野蛮な縄文時代という常識を覆した
三内丸山遺跡（青森市）

たわけで、その理由を突きつめれば、縄文から弥生への移行が、平和的に推移したからだろうと説明する。

そして、中国や朝鮮半島と日本の間に横たわるY染色体の差は、大陸側に理由があったと考えた。日本とチベットにD系統が残った理由を、次のように述べる。

歴史時代を通して大陸中央部からの影響をあまり受けなかったことが両者の類似を生んだのでしょう（前掲書）。

たしかにその通りかもしれないが、それ以前に、D系統が漢民族（O3系統）に圧迫され、大陸中央では暮らしていけずに、追いやられたと考えるほかはない。

崎谷満は、弥生時代になって渡来系のO2b系統の人びとが朝鮮半島からやってきたが、かつて信じられていたような大人数の移住の可能性は低く、少人数が何回かに分かれてやってきたとみなす。

それ以降も漢民族系の流入があっても、今日までD2系統集団がかなりの高率で残っていたのは、D2系が、この日本列島で連綿と大きな集団を形成していたからだろうと指摘し、さらに、渡来系のオーストロアジア系集団（O2aとO2b）が漢民族に圧迫され南西部と北西部に逃れ、後者が日本に到達していたが、南西部に逃れた人たちは「オーストロアジア系言語」を保持していったのにもかかわらず、日本列島に流れ込んだ彼らは、母語を喪失している。

それはなぜかというと、渡来人たちが日本列島の縄文系に溶け込んでいったからだろうと指摘し、次のように述べている。

ユーラシア大陸東部でみられるような先住系集団の消滅がこの日本列島では起きなかったことは、新石器時代の文化・言語の継承を考える上で重要な点である。

このようなDNA多型分析という最新の科学的成果、および考古学的発掘の進行によって、縄文系ヒト集団が大きな影響をこの日本列島に与えて現在に至っていることが判明してきた（崎谷満『DNAでたどる日本人10万年の旅』昭和堂）。

日本人をめぐるDNAの最先端科学を紹介してきたのは、日本列島には多様な人種が共存していたこと、そして、弥生系渡来人と入れ替わっていたと思われていた縄文人が、むしろ日本人の基礎を固めていたという事実を、まず知っておいてほしかったからだ。

そこで、このような分子生物学の示した日本人の多様性を、実際の考古学から証明することはできるのだろうか。

そして、縄文時代から弥生時代に移行する時、朝鮮半島から北部九州に渡ってきた人たちは、どのようにして定住していったのか、そしてそれは、征服戦ではなかったのか、具体的な事例を拾い上げて、検証していこうと思う。

第一章

縄文から弥生への移り変わりの真相

古代日本は文化レベルが低かった?

つい最近まで、古代の日本は文化レベルが低く、何もかもが朝鮮半島や中国からもたらされたと考えられていた。そう思うことが進歩的、という風潮もあった。たとえば金関丈夫《かなせきたけお》は『日本民俗の起源』(法政大学出版局)の中で、次のように指摘している。

日本の古代文化は、縄文期と、それにつづく弥生期とでは、非常な違いがある、文化の様相が全然一変している。文化の上からいえば、われわれの日本民族の直接の祖型は、弥生式文化なのである。われわれは弥生式文化の遺産をうけついでいるが、縄文式文化からは、直接に何らの遺産をも、うけていない。

この新しい、進歩した弥生式文化の根幹をなす諸要素が、朝鮮半島を経て、北九州地方にまず波及してきた、ということは、考古学上、疑いのないこととされている。

このような発想が、戦後の史学界を覆ってきたのだ。

また金達寿《キムタルス》のように、日本に残された朝鮮半島系の文化や風習を日本全国から事細かく拾い上げることで、日本は朝鮮半島の文物によって成り立ってきたかのようなイメージが築き上げられてきたのである（雑誌『思想の科学』連載。のちに『日本の中の朝鮮文化』講談社文庫）。

戦前の日本の小学校に通った金達寿は、教科書に神功皇后《じんぐうこうごう》の三韓征伐が史実として記載されていたことを、「荒唐無稽」といい、次のように述べている。

私は子ども心にも、百済からは王仁もまだ日本に来ておらず、したがってまだ「学問」もなければ、「機織《はたおり》」や「鍛冶」もなかったらしいのに、「古代ではそちらのほうがはるかに文化の程度が高かった」（と先生はそう教えてくれた）海の向こうの朝鮮にまでどうして攻め入ることができたかと思った（『日本の中の古代朝鮮』学生社）。

昭和五十四年（一九七九）初版本だから、古い本なので、いまさら批判することもはばかられるが、無視することはできない。

さらに、金達寿は戦後の民主主義時代になっても、日本の教科書の本質は少しも変わっていないと糾弾《きゆうだん》する。

その例として、清水書院発行の中学生向けの教科書『日本の歴史と世界』に、次の記事が載っている例を挙げている。抜粋する。


国内統一後ヤマト（大和）朝廷は、勢いを伸ばした。朝鮮半島最南端の任那《みまな》には、ヤマト朝廷の「日本府」という役所を置き支配していた。四世紀の終わりから五世紀にかけて、ヤマト朝廷は朝鮮半島に軍隊を送り、百済をしたがえ、新羅を討ち、高句麗とも戦った……


この記述を「明治以後の侵略思想が骨がらみとなっている」といい、「皇国史観」の典型例といい、次のように続ける。

まったくでたらめな架空の歴史であり（中略）戦前・戦中に変わらぬ帝国主義・軍

国主義時代と同じ愚民教育そのものにほかならないことは、いうまでもないであろう。

なるほど、金達寿の気持ちも分からぬではない。子供時代に「朝鮮人やーい」「わーい、三韓征伐だ、朝鮮征伐だ」と、いじめられた経験（一方的にやられたわけではなく、腕力で抵抗したようだが）も記されている。つらい思い、悔しい思いもしたのだろう。しかし、金達寿の発想を、丸ごと受け入れることはできない。

もちろん、古代日本が多くの文物を海の外から学び取ったことは事実だが、だからといって、すべてが朝鮮半島や中国のものまねではなかったし、縄文人がけっして野蛮ではなかったことは、次第に明らかになってきた。

まず、ここではっきりさせておきたいのは、弥生時代がどのように始まり、その時、日本列島は、渡来系の人びとに圧倒され、席巻されてしまったのかどうかだ。具体的な歴史を、再現する必要がある。

近年、弥生時代の始まりに関して、新たな研究成果が発表されている。ここから話を始めよう。

弥生時代の始まりが五百年も溯るという話

弥生時代の始まりといえば、一九六〇年代には紀元前三〇〇年と考えられてきた。

ところが、次第に古くなって、教科書的には、紀元前五〇〇年と考えられるようになった。

しかし、「実際にはさらに五百年溯る」と指摘されている。

それが、国立歴史民俗博物館（以下、歴博）が中心になって進められている炭素14年代測定法の成果である。

炭素14年代測定法といえば、箸墓《はしはか》（箸中山《はしなかやま》）古墳の絶対年代をめぐる論争で脚光を浴びた。周辺から出土した土器付着物や木片を分析した結果、三世紀半ばの造営と指摘し、邪馬台国《やまたいこく》の女王・卑弥呼《ひみこ》の墓ではないかと大騒ぎになった。

この推論については、疑念がある。数値を最古に見積もれば三世紀半ばになるのであって、四世紀であってもなんらおかしくはないのだから、邪馬台国論争に巻き込まれた格好で、つい勇み足をしてしまったのが、本当のところではないだろうか。

この一件があまりにも有名なため、炭素14年代測定法というと、つい眉唾《まゆつば》と思われるかもしれないが、世界では、もっとも科学的な年代測定法として定着しているのだ。

炭素14はおよそ五千七百三十±四十年で半減する。この性質を利用して、遺跡から出土した木片や炭化したコメ、土器にこびりついたスス（煤）などの炭素14の数値を測定し、遺物の絶対年代を探り当てることができる。

植物を伐採したりした段階から、炭素14は、減り始めるのだ（約八十年で一％）。ただし、気候などの条件によって、減り方にバラツキが出るため、補正作業が必要となる。

これが、「較正年代《こうせいねんだい》」と呼ばれるものだ。

この方法で調べた結果、日本における稲作の始まりは、紀元前十世紀後半に遡ると考えられるようになった。

これは中国の西周王朝が中原《ちゅうげん》地域に興った（紀元前一〇五〇年ころ）時代で、ほぼ同時に、朝鮮半島南部でも、農耕社会が成立していた。

これまでの紀元前五～前三世紀に稲作が始まったと考えられていたころは中国の戦国時代に漢民族が東に圧力をかけ、朝鮮半島の人びとが動乱を避けて日本にやってきたとも信じられていたのである。

しかし、弥生時代の始まりが紀元前十世紀となると、これまでの常識は通用しなくなる。

朝鮮半島南部と縄文人の交流

はじめ、炭素14年代測定法の研究者も、弥生時代の始まりが紀元前十世紀に溯るという数値が出た瞬間、「そんなことはありえない」と、否定したという（藤尾慎一郎『〈新〉弥生時代』吉川弘文館）。

しかし、結果は何度やっても変わらないので、この仮説を確かなものにするために、研究は続けられてきたのだ。

もちろん、強く反論されもした。

最古の弥生土器に、紀元前十世紀のススが付着していたとしても、そのススが最初から土器に着いていたかどうかは分からないというのだ。

また、燃料を燃やしてススになったとしても、伐採してから年月の経った木材を燃やせば、時間がずれてしまう（古木効果）。

さらに、陸上動物よりも海に生きる生物は、古い炭素を保有していて、それを食料にして焦げた場合、その炭素を測定しても、誤差が出ると指摘したのだ。

これに対し藤尾慎一郎は、いくつかの具体例を出して、仮説の正確さを示している。

弥生時代最古の土器と同時代と考えられてきた朝鮮半島の土器を、炭素14年代測定法で測定したところ、紀元前十世紀を示したという（前掲書）。その上で、前後の東アジアの状況と、日本列島を比較している。

朝鮮半島では、紀元前十五～前十三世紀に青銅器時代が始まっていて、水田稲作が始まるのは紀元前十一世紀の終わりごろで、遼東《りょうとう》半島から伝わった湧水型水田（原初的な水田）だった。

また、紀元前十一世紀に朝鮮半島で地域共同体の再編成が起こり、朝鮮半島の南部の人びとがニューフロンティアとして海を渡っていた可能性が高いという。これまでのように亡命中国人に圧迫されて仕方なく渡海したのではなく、青銅器時代人が自らの意志で渡海したことになり、青銅器時代人が果たした役割がより主体的になる（前掲書）。

ただし、「自分の意志で」という部分に関しては、諸手を挙げて賛同するわけにはいかない。

生まれ育った故郷を離れ、新天地に向かう理由は、「フロンティア精神」だけとは思えないからだ。

中国からの圧迫がなくとも、隣近所とのつきあいに辟易《へきえき》し、あるいは土地を奪われ、やむなく海を渡った可能性も否定できないからだ。

さらにいうならば、すでに縄文時代に、朝鮮半島最南端の沿岸部と、対馬、壱《い》岐《き》、玄界灘沿岸から有明海にかけての人びとは、交流を持ち、よく似た漁具を使っていたことが分かっている。

縄文人は新石器人（新石器は磨製石器）だが、佐賀県伊万里《いまり》市の腰岳《こしだけ》で産出する良質な黒曜石は、やはり朝鮮半島の沿岸部にもたらされている。

つまり、日本海を挟んだ両岸で、海の民は盛んに交流していたわけで、文化は似ていたのだ。

距離が近い、というだけではない。「海に飛び出して往き来した方が、生活が楽になる」地域に住んでいる海の民だったのだ。

今の国境を当てはめれば、「わざわざ海を渡った」と見えるが、当時の人びとにすれば、「同じ海を共有していた」と考えていたにちがいないのである。

すなわち、このような朝鮮半島最南端の人びととの交流が下地にあったからこそ、その延長線上に新たな文化の流入が起きたとみなすことができる。

北部九州で何が起きていたのか

これまでは、渡来人が稲作を北部九州に持ち込み、その後あっという間に各地に稲作が伝播していったと信じられていた。だから、「渡来系の圧倒的なパワー」が想定されていたのだ。

そして、『日本書紀』や『古事記』に、「天皇家の祖は九州に舞い下り、初代神武天皇は九州からヤマトを目指した」と書かれていたから、「天皇家は渡来系の征服者」と、疑われてきたのである。

しかし、弥生時代の始まりが紀元前十世紀後半に溯るとなると、話は別だ。弥生時代の開始が数百年前にずれ込んで、話の展開は変わってくる。稲作は想像以上にゆっくりと東に伝わっていったことになる。「渡来人の圧倒的なパワー」は前提ではなくなりつつあるのだ。

北部九州で稲作が始まったのは、紀元前十世紀後半で、九州東部、西部瀬戸内には、約二百年後の紀元前八～前七世紀に、近畿に伝わったのは紀元前七～前六世紀で、ここに三百年の時間差がある。

奈良盆地に伝わったのは紀元前六世紀、遠賀川《おんががわ》式土器の東限だった伊勢湾沿岸には、紀元前六～前五世紀後半で、五百年の年月を要している。

関東南部に到達したのは、紀元前二世紀のことだ。

日本海側に目を転じると、北部九州に稲作がもたらされてから六百年後の紀元前四世紀前葉に東北北部（青森県弘前市）に日本海沿岸部を飛び越えて、到達している。

この時、列島各地で何が起きていたのだろう。その具体的な様子を見つめ直してみたい。

まず、北部九州では何が起きていたのだろう。福岡・早良《さわら》平野に焦点を当ててみよう。

この地域の先住の縄文人たちは、狩猟・採集のほかに、すでに農耕（畑作。焼畑。穀物、陸稲も作っていた）も「生きるためのひとつの手段」として、取り入れていた。これを園耕民《えんこうみん》と呼ぶ。

ただ、のちに水田が開発される下流域ではなく、台地上や川が平野に出てくるような、微高地に暮らしていたのだ。

縄文晩期末から弥生早期になると、下流域の低湿地に水田稲作を始めた人びとが登場する。

たとえば早良平野の中央部にある有田七田前《ありたななたまえ》遺跡からは、縄文晩期の土器に混じって、それまでなかった朝鮮半島の松菊里《ソングンニ》式土器や大陸系磨製石器が見つかっている。

おそらく先住の民と渡来系の人びとが、ここで稲作を始めたと思われる。

ただし、その中・上流域では、縄文後期から継承された園耕民の遺跡も存在し、棲み分けを果たしていたことが分かる。これが、紀元前十世紀後半から前九世紀前半（弥生早期前半）の、様子である。

やがて、紀元前八世紀初頭にかけて、遺跡の数はみるみる増え、開墾可能な土地は、ほぼなくなったようだ。当然、土地と水利をめぐる争いが勃発《ぼっぱつ》する。

ところで、紀元前十世紀というと、そのころ日本列島や朝鮮半島には、まだ鉄器がもたらされていなかった。

当時は中国東北部の燕《えん》が鉄の原産地だった。そして燕は、紀元前四世紀代に遼東に影響を及ぼし、鉄器が拡散していったようだ。

つまり、弥生時代が始まって六百年後に、鉄器が日本にもたらされたのだ。これが、可鍛鋳鉄《かたんちゅうてつ》だ。

また歴博は、弥生前期末に鉄器が登場し、それは紀元前四世紀ごろのことだったというが、まさに燕の動きと大いに関わっていた可能性が高い。

そして、北部九州に鉄器が普及するのは鍛造鉄器が出現した弥生中期前半（紀元前三世紀前半）のことだ。

弥生時代の始まりと同時に金属器が日本に流れ込んだわけではなかった。弥生時代早期前期の北部九州では、水田を造るための利器として鉄器を用い、渡来系の人びとが、あっという間に弥生社会を作り上げたという漠然とした推理は、成り立たなくなったのだ。

紀元前八世紀（前期初頭）になると、福岡・早良平野に環濠《かんごう》集落が出現し、まとまった農耕社会が出現し、板付《いたづけ》遺跡では、階級の差が生まれていた。

そして下流域で水田稲作が始まってから約三百年後の紀元前七世紀（前期中ごろ）になると、次第に中流域でも、在来の園耕民が、農耕民になっていったのである。

稲作はどのように東に伝わったのか

ではこの三百年の間に、渡来系と先住の人びとは、どのように棲み分け、あるいは混ざり合っていったのだろう。そして、どのように弥生人が誕生していったのだろう。

この時、かつて信じられていたように、渡来系の人びとが、土着の民を圧倒していったのだろうか。

その実態を明かすための物証は、やはり土器である。

さて、下流域の比恵《ひえ》・那珂《なか》丘陵に、紀元前九世紀後半、直径一五〇メートルの二重の濠をめぐらせた環濠集落（那珂遺跡）が誕生している。

ここはのちの奴国《なこく》（金印で有名）の中心地なのだが、それよりも早く登場した板付遺跡とここでは、道具＝甕《かめ》（調理用、煮炊き用の土器）が少し異なっていた。

板付遺跡で見つかったのは朝鮮半島系の口縁部に刻み目を入れた「刻目文土器《きざみめもん》」の流れを汲む「板付祖型甕《いたづけそけいかめ》」で（このあと、独自の変化を続け、朝鮮半島の土器とは別の発展をしていく。これが、板付I式土器だ）、もっとも早い段階で稲作を始めた遺跡に朝鮮半島系の流れを汲む土器が存在していたのに、少し遅れて（百年後）誕生した那珂《なか》遺跡にはそれがなかった意味は大きい。

板付では、在来の園耕民と朝鮮半島から渡ってきた人たちが稲作を始め、紀元前九世紀後半には、朝鮮半島系の土器を持たない人びとが農耕を始め、棲み分けを果たしていったことが分かる。

しかもここから紀元前八世紀にかけて、環濠集落が出現し、戦争も勃発した。紀元前七世紀には、中・上流域の先住の園耕民も水田稲作を選択し、三百年にわたって続いてきた棲み分け状態が消えていき、稲作の文化は、東へと伝わり始めるのである。

ならばこのあと、渡来系の住民が東に向かって新たな農地を求めて進撃したのだろうか。これまではっきりとした答えは出なかった。

しかしこの難問も、炭素14年代測定法を駆使して、解くことが可能になった。どういうことか説明しよう。

さて、紀元前七～前六世紀、大阪平野に水田稲作が伝わった時、二つの土器が存在した。

ひとつは長原式《ながはらしき》土器で、近畿地方の縄文晩期後半に登場した突帯文《とつたいもん》土器の延長線上にある在来系の土器であり、いわゆる「園耕民の土器」だ。

そしてもうひとつは、遠賀川式土器だ。先述した板付I式が瀬戸内で発展していった水田稲作民の土器だ。

問題は、二つの土器が同じ遺跡では見つからないことなのだ（共伴しない）。ならば、土器が使われた時期が異なるのか、同じなのかで、その意味が大きく変わってくる。ただ、その時間差が、これまで明確にできなかったのだ。

そこで、炭素14年代測定法が有効になる。歴博は二つの土器群に付着する炭化物を分析した。

その結果、その一部が同じ時代だったこと、百年から百五十年にわたっていたことも明らかとなった。そこから分かったことは、次のような流れだった。

すなわち、長原式土器が生まれたころ（古段階）、大阪平野には、当初在来の園耕民だけが暮らしていた。彼らは沖積地、扇状地、段丘、丘陵を、季節が変わるたびに移動していたようだ。

ところが長原式新段階に入った時、遠賀川系土器が出現した（もちろん共伴しない）百年から百五十年の間、大阪平野に二つのグループが存在していたことが分かったのだ。

彼らは共存し、棲み分けを果たし、しかも両者は、衝突することなく、むしろ頻繁に交流していたようだ。

その後、長原式新段階の土器もなくなり、遠賀川式土器が定着する。外来の民を人口で圧倒していた園耕民が、自主的に農耕民になっていったことになる。

ちなみに、奈良盆地で水田稲作が始まったのは、大阪平野からやや遅れた紀元前六世紀中ごろであった。

縄文人の生活の中に稲作はあった

弥生時代の始まりが古くなったことで、これまでの二つの常識が通用しなくなる。

まず第一に、弥生時代をもたらした人びとは、中国の混乱によってはじき飛ばされて日本にやってきたわけではないこと。

そしてもうひとつは、稲作文化が北部九州にもたらされたあと、一気に西日本に広まったわけではなかったことだ。

実際には、長い年月をかけて、ゆっくりと浸みるように伝わっていったと考えられるのである。

ここで話を進める前に、片づけておかなければならぬことがある。縄文時代、すでに先住の民が稲作を手がけていたことだ。

そして、日本の稲作文化の根っこがどこにあったのか、朝鮮半島の稲作は、どこから、なぜ伝わったのか、という問題も、触れておく必要がある。

縄文時代の稲作が確実視されるようになった最大の原因は、プラントオパール分析による。

イネ科の植物は成長する時、地中から水とともにガラス成分の珪酸体《けいさんたい》を吸収し、蓄積する。しかも、稲が収穫されたあと、葉っぱに残った珪酸体は、腐らずに耕地に残る。長年にわたって稲を育て続けると、水田に珪酸体は増えていく。

ちなみに、プラントオパールは、肉眼では確認できないほど微小なものだ。

平成十一年（一九九九）四月二十日、岡山市の朝寝鼻貝塚《あさねばなかいづか》から、稲のプラントオパールが見つかったと、全国紙に記事が載った。六千四百年前というから、縄文時代の稲作の証拠と、大騒ぎになったのだ。

それまでの常識を根底から覆す大発見だが、中国沿岸部では、七千年前の稲作遺跡が見つかっているから、「ありえない」ことではなかった。西日本を中心に、縄文時代のプラントオパールは、三〇カ所から検出されてもいた。

ただし、プラントオパールの出現と稲作の有無は、直結しないという欠点もあった。プラントオパールそのものの絶対年代を計ることはできず、他の地層（のちの時代）からプラントオパールが移動してきた可能性も否定できないからだ。

そこで藤原宏志は、縄文土器の「胎土《たいど》（土器を焼く前は粘土）」の中からプラントオパールを見つけようと試してみた。

すると、岡山県の南溝手《みなみみぞて》遺跡出土の縄文時代後期の土器のかけらの中から、プラントオパールを発見したのだ。

この結果、縄文人の生活の中に、稲が存在していたことが、明らかになったのである。

意外に多かった熱帯ジャポニカ

ところで、稲には大きく分けて二つのグループがある。インディカとジャポニカで、ジャポニカにも、おおまかに分類すると熱帯ジャポニカと温帯ジャポニカに分かれる。

熱帯ジャポニカは陸稲で、縄文時代に日本列島に流れ込んでいた。これに対し温帯ジャポニカは、水田で作り、弥生時代に日本に持ち込まれたと考えられてきた。

佐藤洋一郎は、現在でも焼畑をしている東南アジアの状況を視察し、さしたる道具や仕掛けもなく、原始的な方法で焼畑は可能だという。

そして縄文時代の稲作（焼畑で作る熱帯ジャポニカ）も、人工物や仕掛け、農具の少ない簡単な焼畑で行われていたのだろうと指摘している（『稲の日本史』角川選書）。

ただし、東南アジアでは斜面を利用して焼畑をしていたが、縄文人たちは平地で行い、「水陸未分化の稲作」ではないかと推理した。

ならば、縄文稲作はどのようなルートを辿って日本列島にもたらされたのだろう。

考古学者の多くは、朝鮮半島経由を支持しているが、そのほかには、長江河口から直接渡ったという説もある。これは、農学者の間で受けがいい。

というのも、のちにやってくる温帯ジャポニカ品種の遺伝的性質が中国と日本でよく似ているからだ。

ちなみに、熱帯ジャポニカの稲は、台湾の山岳部から南西諸島を経由して九州にもたらされている。

ただし、考古学者は否定的だ。当時の文化の流れは、中国→朝鮮半島→北部九州が一般的だったからだ。

けれども、長江河口から台湾や南西諸島を伝った「海上の道」説も無視できない。弥生時代の到来後も、縄文人の稲作は消えなかった。

東北を代表する弥生時代の高樋《たかひ》Ⅲ遺跡（青森県田舎館村《いなかだてむら》）から、炭化米が出土し、平成八年（一九九六）に佐藤洋一郎がDNA分析に出した結果、その中の一粒が熱帯ジャポニカだったことが判明した。

ちなみに、この遺跡は垂柳《たれやなぎ》遺跡の近くで、垂柳遺跡こそ、日本で最初に水田跡が見つかったことで知られているし、高樋Ⅲ遺跡からも、水田が見つかっている。

それから二年後、下之郷《しものごう》遺跡（滋賀県守山市）の井戸のような深い穴から出土した稲籾をDNA分析すると、やはり熱帯ジャポニカだったことが分かった。

この遺跡は、直径三〇〇メートルの環濠集落だ。ただし、周辺に水田の痕跡はなかった。

弥生時代の始まりとともに、渡来人が各地に散らばり、あっという間に水田稲作は普及したというかつての常識が、ここでも通用しなくなったのだ。しかも、その後、他のいくつもの弥生遺跡からも熱帯ジャポニカが出土し、下之郷だけが特別だったわけではないことが、次第に明らかになってきたのだ。

調べたサンプルの四〇パーセントが熱帯ジャポニカで、想像以上に多かったのだ。しかも、これまでは、現代と同じように、一面に広がる水田を想像しがちだ。ところが実際には、休耕をするという縄文以来の伝統を継承していたことも分かってきたのである。

そしてここで強調しておきたいのは、佐藤洋一郎の、次の指摘だ。

つまりイネも稲作も、縄文時代と弥生時代間には、以前考えられていたほどの大きな断絶があるようにはみえない。むしろ弥生時代がイネや稲作に関しては縄文時代の延長線上にあるともみえる（後略）。

これが、稲作という視点から見た、縄文〜弥生の変遷である。

温帯ジャポニカはどこからやってきたのか

そこで改めて問題となってくるのが、弥生時代の始まりとともに日本にもたらされた温帯ジャポニカは、どのような経路を辿ってやってきたのか、ということになる。

ここでも重要なヒントとなるのは稲のＤＮＡだ。

ＤＮＡは「Ａ、Ｔ、Ｃ、Ｇ」の四つの塩基で構成される。この中から三つ、三文字の塩基の並びが一つのセットになり、二〇のアミノ酸の種類を決める。

ただし、稲の起源を知るために重要な意味を持っていたのが、ＳＳＲ領域と呼ばれるもので、ＤＮＡを構成する中で、遺伝情報とはまったく関係のない、「のりしろ」のような部分だ。人間で言うと、血液型のようなものだ。

佐藤洋一郎は、日本列島、朝鮮半島、中国大陸の温帯ジャポニカの二五〇の在来品種から、ＲＭ1というＳＳＲ領域を調べてみた。

ａ〜ｈまでの八つのタイプがあり、その中で、中国には八つすべて、朝鮮半島には、ｂを除く七つが存在した。

ところが日本には、ほとんどがａかｂで、ｃがごくわずかだが存在する。

このことから何が分かるかというと、渡来人がもたらした稲の量はごくわずかで、二つのタイプだけ持ち込まれ、これが増殖していったということになる。しかも、朝鮮半島にはｂタイプがなかったのだから、これは、中国から直接もたらされたと考えざるを得ない。

ならば、ａタイプは、朝鮮半島からもたらされたのだろうか、あるいはこれも、中国から直接やってきたのだろうか。

炭化米の形状から、イネ品種は三回に分けて海を渡ってきたとする説がある。縄文晩期に朝鮮半島から、その後、弥生時代前期はじめに中国から、弥生時代の前期から中期にかけて三回目の波が押し寄せたというのである。

弥生時代の始まりが古くなったということから、弥生中期の三つ目の波こそ、中国の混乱の時代だった可能性が高くなるのだから、「中国からやってきた稲」も無視できなくなる。

弥生時代を代表する環濠集落・吉野ヶ里遺跡（佐賀県）

稲作文化が朝鮮半島だけではなく、中国から直接やってきたのではないかとする説は、近年盛んに唱えられているのだ。

吉野ヶ里では約三〇〇の弥生人の人骨が見つかっているが、これらは土井ヶ浜（山口県豊北町）の人骨（弥生時代前期末から中期中葉）とよく似ていた。

縄文人と比較すると、背が高く、面長で彫りが低いのだ。彼らはいったいどこからやってきたのだろう。

中国山東省臨淄《りんし》の遺跡から出土した漢代（紀元前後）の人骨約三〇〇体分を調査した松下孝幸（土井ヶ浜遺跡人

類学ミュージアム名誉館長）は、土井ヶ浜の人骨とあまりによく似ているので、驚いたという（『倭人伝を掘る　吉野ヶ里・原の辻の世界』長崎新聞社／佐賀新聞社・合同企画、長崎新聞社）。

さらに吉野ヶ里遺跡の南側、詫田西分《たくたにしぶん》遺跡（佐賀県神埼市千代田町）の弥生人骨と臨淄の人骨のDNA分析をしてみたところ、特定の部分の配列が同じだった。したがって、弥生人が朝鮮半島だけではなく、中国大陸からやってきた可能性は、高まっている。

無視できない長江の影響

池橋宏は『稲作渡来民』（講談社選書メチエ）の中で、興味深い指摘をしている。中国の水田稲作の発展を支えたのは、長江の中・下流域の「越《えつ》」の人びとで、彼らはタイ系の人びとだったという。

この地域の古代の言語は、今日のタイ語と類似性がある。中国の戦国時代から前漢の時代には、この一帯に漁撈《ぎょろう》と稲作によって成り立つ農耕社会が生まれていた。

しかも「南船北馬《なんせんほくば》」という中国の四文字熟語があるように、彼らは舟を操ることに長《た》けていて、「活発な移動性を与えてきた」という。

独自の文化を形成していた呉《ご》や越の稲作民は、中原《ちゅうげん》の人びとからは蛮族と蔑視されていたが、次第に「漢化」していった。

高床式の家屋も消えてなくなり、やがて春秋時代（紀元前七七〇年〜前四〇三年）の後半には山東半島に進出し、牧畜と結びつき乾燥した土地で畑作をしている人たちを圧倒し、中原を制したのである。

ただし、紀元前三三四年に、越が楚《そ》に攻められて滅亡し、東側の海岸地帯に逃げ、百越という小国家群に分かれた。つまり越は、漢人に追われて後退したのだった。

すでに述べたように、かつて、稲作の開始が紀元前四〜前三世紀ごろと考えられていた時代は、ここで大量の稲作民が日本列島に流れ着いて弥生時代が始まったのではないかとする説も現れたが、それは、炭素14年代測定法が否定している。

その一方で、池橋宏は、次のような推論を掲げている。

東日本の縄文晩期の土器に「亀ヶ岡式土器」があり、過度ともいえる装飾が施されていて、機能面ではむしろ停滞していた。

ところがこのあと現れる弥生土器は、簡素で模様がなかった。呪術《じゅじゅつ》に明け暮れていた縄文時代に対して、生産を始めた人びとの機能美という大きく異なる感覚である。

縄文土器と目されていた刻目突帯文土器《きざみめとつたいもん》（夜臼式土器《ゆうすしき》）の時代に、稲作水田が出現していたことは、考古学の進展によって明らかになってきた。そのため、弥生時代前期の前に、早期があったということになった。

また、縄文晩期のものと信じられていた山ノ寺式土器（菜畑遺跡出土）の中に、縄文時代にはなかった壺が出現した。

問題は、山ノ寺式土器と一緒に出てきたこの壺が、朝鮮半島のものを凌駕して仕上がりがよく、完成度が高かったことなのだ。

そこで池橋宏は、縄文時代から弥生時代の移り変わりに北部九州の沿岸部に朝鮮半島から人びとがやってきたのは確かにしても、それだけではすべての答えではないと指摘している。すなわち、

亀ヶ岡式土器

（青森県立郷土館 風韻堂コレクション／写真提供 伊藤圭）

そこに長江流域の稲作民の影響を指摘することはできないだろうか。この壺は稲作渡来民の劇的な旅程を物語っているのではないだろうか（前掲書）。

とするのである。

なるほど、説得力がある。吉野ヶ里で見つかった弥生人の人骨も、長江とのつながりを考えれば、南西諸島を経由して逃れてきたとみなすことができる。

弥生時代は、朝鮮半島からやってきた人びとによって始まったとしても、長江流域とのつながりを無視できないのである。

弥生人の人口爆発

弥生時代の到来とともに人口が急増するのも事実で、かつては「大量の渡来人の流入」を想定していた。この問題をどう考えればよいのだろう。

縄文から弥生への移り変わりを、金関恕《かなせきひろし》は『弥生文化の成立』（角川選書）の中で、次のように推理している。要点をまとめてみよう。

（一）稲は、他の畑作物と共に、遅くとも縄紋時代の後期ごろには伝えられ、おそらくは陸稲として採捕生活者たちの間で永い期間栽培されていた。

（二）水田農耕文化は朝鮮半島南部から伝来したであろうが、そのころ北部九州との間には相当密接な交流があり、縄紋の人々は新しい生活を始めるに当たって、必要な文化要素を選択的に採用した。

（三）日本列島内における水稲農耕文化の広がりも、従来考えられていたような、新移住者による急速な文化移植現象ではなく、むしろ在地の縄紋人が主体的に受容したものである。しかし地域的には、弥生時代I期のおわりごろ、コロニー形成現象もみられる。その場合、縄紋人と弥生人の間に一種の棲み分け的現象もあったであろう。（中略）

（四）弥生時代以降、日本列島の住民の形質には相当大きな渡来系の人々の影響があるという。弥生時代についていうならば、最初期（先I期）ではなく、おそらくそのI期になって、海外からある程度の数の移住者を迎えたものであろう。

すでに触れたように、北部九州沿岸地帯の朝鮮半島系の支石墓に、縄文人の骨格をした人骨が葬られていたのも、朝鮮半島南部に縄文的な人が暮らしていたか、あるいは、先住の縄文人が、稲作の集落に暮らしていたかのどちらかであり、いずれにせよ、渡来系と先住民の間に、衝突はなかったとみなすべきであろう。

だからこそ、その後の人口爆発の理由が知りたくなる。

小山修三は日本人の人口を試算して、弥生時代が始まったころは一〇万人足らずだったが、七世紀には五四〇万人に到達していたと考えた。

かつては弥生時代は数百年と考えられていたから、一〇〇万人規模の渡来があったと推理されもしていたのである。

これに対し、中橋孝博は、隈《くま》・西小田《にしおだ》遺跡（福岡県筑紫野市）から掘り出された一五〇〇基の甕棺の数の推移を根拠に、弥生時代の人口増加率をシミュレーションし、計算した。

その結果、次のような推論につながっていったのだ。渡来系住民が人口比一〇パーセントと仮定して、一・三パーセントの人口増加率で、三百年後には、渡来系の遺伝子の比率が全住民の八〇パーセントに達する。

人口比を〇・一パーセントと低く見積もっても、二・九パーセントの人口増加率で、同じ結果が得られるという。

狩猟採集を生業にしていた縄文人たちは、お互いの縄張りを尊重し、必要以上の殺生はしなかった。だから、人口爆発を起こすことはなかった。

これに対し農耕民は、必要以上の食料を定期的に手に入れるから、必然的に人口は増えた。労働力は余り、食糧が不足すれば、新たな農地を開墾する。人口増加の循環は、果てしなく続いていくのだ。

つまり、少数の渡来人がコロニーを形成し農耕を始め、次第に周囲の先住民（縄文人）も巻き込み、縄文人も農耕を始めると、婚姻関係が構築され、「稲作民の人口爆発」が起きる。

この場合の「稲作民」は、渡来系の血が混じった人たちなのだから、渡来系の遺伝子が増えていったのである。

ただし、ここで注意しなければならないのは、「渡来系の血」が徐々に濃くなっていったとしても、はじめは「縄文社会に渡来人が溶け込んでいった」のであって、だからこそ、縄文時代から続く日本語が残ったわけで、その後、子や孫が生まれると、彼らは「日本的な環境と感性」の中で育てられ、日本的で縄文的なセンスを持った人たちとなっていったわけである。

弥生土器の中に縄文の痕跡が？

縄文時代から弥生時代への移り変わりについて、かつては「稲作が始まった」「縄文土器が弥生土器に入れ替わった」と語られてきたが、このような単純な定義は、成り立たなくなっている。

すでに述べたように、初期の稲作集落の支石墓に葬られた人物の中に、縄文的な体軀が混じっていたこと、縄文土器から弥生土器への入れ替わりも、グレーゾーンが存在する。

たとえば北部九州では、縄文時代後期にすでに朝鮮半島の影響を受けたと思われる土器が登場している。縄文土器特有の文様が、徐々に消えていったのだ。

また逆に、弥生時代に入っても、東国では、縄文的な縄目の紋様が入った土器が使われ続けた、という例もある。

弥生時代前期初頭を代表する遠賀川式土器は、遠賀川下流域の福岡県遠賀郡水巻町のあたりで生まれ、各地に伝播している。

弥生時代中期に至ると、遠賀川式土器の生まれた遠賀川下流域で、時代に逆行して、新来の文物を拒否し、土着の古い様式が復活していたのだ。

さらに、遠賀川式土器は「弥生時代を代表する」と信じられていたが、朝鮮半島の影響とは思えない独自の紋様が刻まれていたことから、この土地にもともと住んでいた人間が制作していた可能性が、高くなったのである。

しかも最近、東日本の縄文土器の影響を受けていたのではないかと思われている。

東北の縄文晩期の亀ヶ岡式土器とも、強くつながっていたようなのだ。亀ヶ岡文化のネットワークは、縄文晩期前半には近畿や北陸に広がっていて、彼らは北部九州の新たな潮流に関心を示し、関わりを持っていたのだ。

というのも、縄文早期後半に、日本列島全域に交易と交流の海の道の基礎が形成され始めていて、ネットワークは継続的に発展し、晩期中葉には、完成していたようだ。

例の亀ヶ岡文化も、このネットワークに乗って縄文後期後半に各地に伝播し、北陸で変質して近畿にもたらされ、この流れは南九州まで及んでいたのだ。

もちろん、西日本から東に向かうルートもあり、逆に、このルートを利用して、関東の土器が南九州にもたらされることもあった。黒潮と黒潮反流（沿岸部で大きな潮流とは逆の流れが起きる）を利用した交流だ。

橋口尚武《はしぐちなおたけ》は『海を渡った縄文人』（小学館）の中で、次のように述べている。

縄文晩期中葉を過ぎる頃、北九州に上陸した稲作文化は、日本列島全体を大きなうねりのなかに巻き込むことになるが、稲作文化の東日本への伝播は、こうした縄文時代に形成されたネットワークを通して行われたのではないかと考えられる。

これまでの、「渡来人の圧倒的なパワーによって縄文人は蹂躙《じゅうりん》された」という常識は、もはや通用しないし、縄文時代と弥生時代の境界線も、あいまいになってきたのだ。

縄文時代と弥生時代を分ける境界線

縄文時代と弥生時代を分ける境界線はないのだろうか。

二つの時代を区別する新たな目安も登場している。松木武彦は、弥生時代に大きく変化した文化的要素を三つ挙げる。「水田」「武器」「環濠」だ。

まず、「水田」だ。水田を作るには、それまでの焼畑と比べれば、手間と高度な技術と労働力を必要とする。

また、人びとの協力と統率のシステムが必要となるが、この点が縄文時代とは比較にならない。

次に「武器」。縄文時代後期以降、剣や刀の形をした石器が作られたが、それは、権威を表すために作られたものであり、実際に戦闘に用いたわけではない。

ところが、弥生時代になると、鋭利な武器が登場し、現実に鏃《やじり》が体に刺さったままの遺骸が、いくつも発見されるようになった（北部九州に三〇体）。組織的な戦争の始まりである。

最後は「環濠」である。環濠は、防衛のためにつくられたが、「よその人間との区別」をするための思考の表れだというのだ（『日本の歴史　一　列島創世記』小学館）。

人類は農業を選択した時、戦争を始めたとする説があるが、まさに日本列島では、稲作の開始後しばらくして、近隣との間に小競《こぜ》り合いが続き、のちに倭国大乱と呼ばれるほどの大混乱に陥り、ヤマト建国のきっかけを作っていくのだ。

ところで広瀬和雄は『縄紋から弥生への新歴史像』（角川書店）の中で、弥生時代の「地域の首長」を生み出したのは「灌漑《かんがい》」だったと述べている。

弥生時代の灌漑システムは、広域にわたっていくつもの河川をつなぐことはなく、中小の河川の独立分散的なものだった。

その一方で、河川の流れを堰《せ》き止め、水路を引き、水田に水を流し、あるいは排水するには、日常的な維持管理、補修が必要で、共同作業が不可欠だ。

ここに、「広範な共同労働に加え、強い指導力と高度な技術と企画性が要請された」と言い、個別の利害の調整をする人物が求められ、「灌漑水田という生産機構は、等質的な集団を首長と農民層とに分裂させる契機を、構造的に包摂していたのであった」と結論づける。

稲作が戦争を呼び込み、指導者を誕生させていったその意味が、ここにはっきりとしてくる。

もうひとつ、縄文と弥生を区別する境を挙げるとしたら、農耕にまつわる技術力の差だろうか。ところが、われわれは縄文人を甘く見ていたようなのだ。

縄文時代に栽培されていた植物は、アサ、エゴマ、ゴボウ、ヒョウタンなどで、縄文中期以降には、野生種のツルマメやヤブツルアズキを栽培化したダイズとアズキが作られるようになった。また、縄文人は季節ごとの多彩な食料調達法を駆使し、複雑採集狩猟民だった。

また、堅果類を採集したあとに行う水さらし処理は、灌漑水田稲作の工程とそっくりで、縄文時代にすでに高い技術を習得していたことなどから、稲作農耕民と技術の高低差は比較できないという。

ただし、二つの「農耕社会」には、決定的な差があったと考古学者の設楽博己《したらひろみ》は言う。

水田稲作の場合、食料の生産量を増やすために耕地を増やし、労働力を求めるという「拡大再生産」の宿命があった。

これに対して採集狩猟社会は、水田稲作と同じようなシステムをとるとバイオマスの限界を超えてしまうため、拡大再生産を抑制するのだという。

また、弥生時代の農耕は、道具や祭りなど、生活の隅々まで農耕に規定されてしまう。

つまり「農耕文化複合」の形態をとっていることが、縄文時代の農耕との大きな違いなのである（『縄文社会と弥生社会』敬文舎）。

縄文土器と弥生土器の違いなど、もはや時代の区分の理由にはならないのである。

縄文時代から南北市糴《してき》していた人たち

ここで改めて注目しておきたいのは、縄文時代から続いた壱岐と対馬を介した朝鮮半島と北部九州の交流のことである。

「魏志倭人伝」はヤマト建国直前の倭国の様子を伝えているが、その中で、朝鮮半島と北部九州の間にある対馬（長崎県対馬市）に農地が少なく、食べていけないので、南北市糴（交易）を生業にしていると記されている。

倭の海の民は、優秀な漁撈民であり、航海を得意としていた。そして、大海原に飛び出し、物流の担い手になったのだ。彼らは、海の民であるとともに、商人でもあった。

ならば、この海の民は渡来系なのだろうか。どうやら彼らは縄文時代からこの一

対馬の江戸時代の港跡（長崎県対馬市）

帯で活躍していたようなのだ。

そこでこの章の最後に、倭の海人《あま》についで考えておきたい。

さて、対馬からは、縄文前期初頭に朝鮮半島と北西九州の交流があったことを示す遺物が出土している（対馬市上県町越高《こしたか》ハヤコの越高遺跡）。

縄文の轟式《とどろきしき》土器、曽畑式《そばたけしき》土器とともに、朝鮮半島系の隆起《りゅうき》線文《せんもん》土器が発掘されている。

土器の数は朝鮮半島系が上まわっているが、この土器も九州の縄文土器の影響を受けて誕生したのではないかとする説がある。

また、石器は西北九州からもたらさ

れている。松浦産の黒曜石などは、対馬を飛び越えて、朝鮮半島にも伝わっている。

石器だけではなく、縄文土器も対馬経由で朝鮮半島にもたらされている。縄文前期、中期、後期と、絶え間なく交流が続いていた様子が読み取れる。

もちろん、対馬と西北九州の中間点である壱岐からも、縄文土器が出土する。ところで、壱岐のカラカミ貝塚は、弥生後期後半の遺跡で、普通この時代には貝塚は存在しない。

縄文時代の延長線上にあるわけではなく、アワビとかサザエなどの、高価で大きな貝類が多いという特徴があり、これは、干しアワビにして、南北市糴の交易品にしていた可能性がある。

さらに、日本近海に棲息する貝の中で天然真珠が捕れるのは、アワビだったところに、大きな意味が隠されているという指摘がある（下條信行他『倭人伝を掘る』長崎新聞社）。

すなわち、「魏志倭人伝」には、「白珠五千孔」とあり、壱岐の海人が、アワビを捕って食料とするかたわら、真珠を交易品にしていた可能性が出てくる。

壱岐といえば原《はる》の辻遺跡が有名で、環濠も見つかっている。弥生中・後期の一支国の中心都市と思われる。

丘陵上に柵や溝で区分し、高床式大型建造物がそびえ、祭祀を執り行うこの地域の首長や中枢の人びとが集まり、周囲を集落が囲み、それを複数の環濠が守っていた。

渡来人が住んだ区域も存在した。海岸部には、弥生時代中期の高い技術を駆使した船着場も造営されていた。国際色豊かな、交易のための都市である。

甕・壺・高坏《たかつき》・器台《きだい》などが見つかっている。

土器は在地のもののほかに、北部九州と同じ土器が出土している。瀬戸内、山陰系の土器も多い。朝鮮半島の無文土器や金海土器も見つかっている。

土器だけではなく石器、青銅器、鉄器、骨角器《こつかくき》、舶載《はくさい》の前漢鏡、後漢鏡、新《しん》（王《おう》莽《もう》）の貨泉《かせん》も出土した。弥生時代後期には、鉄製品が急速に増えている。

このように、原の辻は交易の拠点基地にふさわしい遺跡であり、また一支国の王都にふさわしい内容を備えていた。

弥生時代前期末から中期初頭にかけて、朝鮮半島の政治変動によって北部九州に半島の人びとが移り住んだが、政情が安定した弥生時代中期後半ごろから、北部九州沿岸地帯の人びとが交易を目的に原の辻遺跡を中継拠点として利用し、さかんに朝鮮半島に渡っていたのだ。

北部九州から朝鮮半島に向けて、大量の弥生土器が搬入されていたのである。縄文時代から卑弥呼の時代まで、対馬と壱岐を止まり木にして、南北市糴《してき》していた人たちは、たしかに存在したのだ。

倭人は海の民の風俗

対馬の東海岸には佐賀浦《さか》があって、縄文中期～後期の貝塚があり、多くの漁撈具（骨角製の回転式離頭銛や結合式釣針など）や黒曜石の製品、石器作りの工房が見つかっている。

また朝鮮半島の貝塚にも、対馬とよく似た石器が出土している。

対馬は、南北の文化の交差点でもある。

ただし、朝鮮半島と九州の南北だけではない。回転式離頭銛や結合式釣針は九州でも使われていたが、これらはシベリアにルーツが求められる。

その一方で、南方系の文化も、対馬に流れ込んでいる。島の北西部の志多留《したる》貝塚や先述した佐賀貝塚では、深海の大きな貝殻が多い。大型のものを選んで捕っているとしか思えない。これを捕るには、潜水漁法が必要だ。南・東シナ海から伝わった漁法であろう。

ちなみに、倭の海人の祖を辿っていくと、縄文の海の民に行き着く。しかも彼らは幻の大陸・スンダランドから黒潮に乗ってやってきた人びとだ。このあたりの事情を、すこし説明しておこう。

縄文時代と言えば、東に人口が密集し発展していたと信じられてきた。ところが上野原《うえのはら》遺跡（鹿児島県霧島市国分）の発見によって、その常識は覆された。縄文時代草創期から早期にかけての遺跡で、最古で最大級の集落跡が発見された。

縄文早期前葉に、すでに南部九州では安定した定住生活が始まっていたことが分かった。しかも日本列島でもっとも進んだ文化を持ち合わせていたのだ。周辺にも、貴重な遺跡がみつかっている。鹿児島市掃除山《そうじやま》遺跡は日本最古の定住集落で、南さつま市栫ノ原《かこいのはら》遺跡からは、世界最古の丸木舟製作工具（丸ノミ形石斧）が出土

上野原遺跡（鹿児島県霧島市）

（写真提供：ピクスタ）

した。

なぜ突然、南部九州に先進の文化が勃興したのだろう。どうやら、世界でもっとも速い海流（二〜五ノット）黒潮に乗って南方の海の民が押し寄せていたようなのだ。

小田《おだ》静夫《しずお》は『遥かなる海上の道』（青春出版社）の中で、南部九州の海の民は、はるか彼方《かなた》南方の幻の大陸スンダランド周辺から、やってきたと推理している。氷河期には陸地があったが、温暖化によって海水面が上がり、陸地は徐々に消え、海に飛び出した人びとだ。

ところが、先進の縄文文化は、一瞬で消え去ってしまう。およそ七三〇〇年前、鬼界《きかい》カルデラが大噴火を起こし、南部九州は壊滅的被害を受け、人びとは先進の文化を携えて各地に散らばっていった。そしてそのころから、日本各地で海を利用した交流がはじまる。おそらく北方からやってきた人びとと南方から鹿児島経由でやってきた人びとが、融合していったのだろう。また、縄文時代前期七〇〇〇年前～五五〇〇年前の縄文海進（温暖化によって水位が上昇した）も手伝い、「水上交通に長けた縄文人」が誕生したのだった。また三〇〇〇年前には、すでに双胴着装船《そうどうちゃくそうせん》や帆も利用されていたようで、外洋を航海する人びとも現れた。その末裔《まつえい》が、倭の海人で、朝鮮半島との交流を担っていたのも、彼らである。

永留久恵《ながどめひさえ》は縄文時代の「潜り」を得意としていた人たちを「縄文海人《じようもんあま》」と呼び、『海人たちの足跡』（白水社）の中で、佐賀貝塚から出土した人骨の中に、潜水漁民の職業病とされる外耳道の病理的骨腫が見つかっていたことを紹介している。

また、潜りを対馬では「潜《かつ》ぐ」と言っているが、対馬、壱岐、西北九州、西九州、薩摩《さつま》の西海岸でも、同じように「潜ぐ」と表現するという。

弥生時代前期の北部九州の人骨には、渡来系の影響を受けたものが多いが、西北九州は別で、縄文的な体格を継承している。

対馬や壱岐も縄文的な体格で、縄文時代の朝鮮半島と日本列島をつないでいたのは、意外にも彼らだったのである（朝鮮半島→対馬→壱岐→西北九州、のちの末盧国《まつらこく》の地域。現在の佐賀県唐津市）。

そして、彼らの活躍する地域は稲作という視点で言うと、後進地帯となり、弥生時代の朝鮮半島との交易の窓口は、末盧国の地域から、奴国《なこく》（博多市）に移っていったのだった。

『後漢書』倭伝には、次の記事がある。

倭《わ》は韓《かん》の東南大海の中に在《あ》り、山島に依《よ》りて居《すまい》を為《つく》り、凡《およ》そ百余国あり。武帝《ぶてい》（前漢第七代の天子。在位前一四〇〜前八七年）、朝鮮を滅ぼしてより、使駅（訳）漢に通ずる者、三十許《ばかり》の国ありて（後略）。

紀元前二〜前一世紀ごろの日本に百余国あり、三〇あまりの国が漢に使訳《しやく》を送ってきたという。そしてもう一つ。次の一節がある。

建武中元《けんむちゆうげん》二年（五七）、倭《わ》の奴国《なこく》、貢《みつぎ》を奉《ささ》げて朝賀す。使人は自《みずか》ら大夫《たいふ》と称《とな》う。

倭国《わこく》の極南界なり。光武《こうぶ》は賜うに印綬《いんじゅ》を以《も》ってす。

一世紀に倭の奴国が朝貢してきた。使人は自分のことを「大夫」と称した。倭国の一番南の国だ。光武（後漢第一代の天子。在位二五～五七年）は印綬を下賜した……。

これが、江戸時代にたまたま出土した志賀島《しかのしま》の金印である。

ちなみに、このあと、永初元年（一〇七）に倭の国王帥升《すいしょう》らが生口《せいこう》（奴隷）一六〇人を献じ、皇帝の謁見を願い出てきた、とある。

さらにこれに続けて、桓帝・霊帝のころ（一四六～一八九年）倭国は混乱し、それぞれの国が互いに攻め合い、統一した王が生まれなかった。

その時、ひとりの女子がいて、名前を卑弥呼といった。成人になっても結婚せず、鬼神の道に仕え、巫女として振る舞い、ヒトを惑わした。倭国の人たちは卑弥呼を王に立て、混乱に終止符が打たれた……。

邪馬台国論争はいまだに決着をみないが、これらの記事にある「倭」の領域は、おそらく北部九州から、瀬戸内海西部を想定していると思う。

ならば、この時代になると、海の民は入れ替わっていたのだろうか。

そうではあるまい。縄文から続く海の民は、稲作民と共存していたのだろう。海の民も稲作民もみな倭人とひとくくりにされたのである。

たとえば、「魏志倭人伝」には、倭人の様子を、次のように説明するくだりがある。

「男子は大小となく、皆黥面文身《げいめんぶんしん》す」

「今倭人の水人、好んで沈没して魚蛤《ぎょこう》を捕え、文身しまた以て大魚・水禽《すいきん》を厭《おさ》う」

サメなどの敵から身を守るために入墨をし、倭人の水人は好んで水に潜っていたとある。

倭人の入墨は、縄文時代から受け継がれた「海の民」の風習だったことがわかっている。対馬、壱岐、西北九州の海人たちは縄文の海人の末裔である。

縄文人と海の幸

倭の海人に注目したのは、「倭人」の正体をはっきりとさせておきたかったことと、日本と朝鮮半島の真の関係を見定める材料にしたかったからである。

「魏志倭人伝」の記事を読めば、「倭人」が北部九州の沿岸地帯の人びとを描写していたであろうこと、北部九州といえば、渡来系の集積地と信じられ、古い時代に他の地域からやってきた海の民がこの一帯に住み、倭人になったのではないかと考えられてきた。

しかし、次第に、倭の海人が縄文系だったことが明らかになりつつある。

縄文人は「狩猟採集民」だから、野に山に獲物を追っていたと想像しがちだ。しかし、想像を絶する規模の貝塚を見れば分かるように、縄文人は、海産物を好んで食した。いや、むしろ、海産物の豊富さは、圧倒的だった。

ちなみに、東京都北区に、縄文中期の中里遺跡があって、貝塚の厚さ（高さ）が最大で四・五メートル、薄い場所で三メートル、幅が七〇〜一〇〇メートルもあり、この帯が一キロにわたっている。

貝塚というとアサリを思い浮かべるが、ここでは、カキとハマグリだけを選んで「商品作り」をしていたのだ。

遺跡の様子から、焼き石を使って貝を煮て、干し貝を作っていたことが分かっている。

貝塚は、巨大な水産加工場だったのだ。自分たちで毎日貝を食べていたのではない。保存食にして、内陸部に持ち込み、交易の品にしていたのだろう。

日本各地の縄文遺跡から出土した貝は、三五三種類に及ぶ。貝類だけではない。魚は七一種類、エビやカニなどの節足動物は八種類、ウニも三種類、カメなどの爬《は》虫類《ちゅうるい》は八種類と、さまざまな海辺、水辺の獲物を捕まえていたことが分かる。クジラやイルカ、アザラシ、オットセイ、トドなどの海のほ乳類の骨も大量に見つかっている。

もちろん、陸上の動物も食べていて、骨が出土した遺跡の数を見ると、こちらの方を多く食べていたようだ。

鳥は三五種、ほ乳類は八〇種類（海のほ乳類も含む）に上る。ただし、ナガスクジラやマッコウクジラといった巨大な獲物を考えると、海産物の重要性は、無視できない。

このような豊富な山海の味覚は、その後の日本人の食文化の基礎を形作り、伝統が継承されたことは、平安時代の『延喜式《えんぎしき》』に記された贄《にえ》や調《みつぎ》の記述からも読み取ることができる。

森浩一は、中国の人びとが、ある時期から西日本の住民を「倭人」と呼ぶようになって、しかも中国の目に映った「倭人」の特徴のひとつは、航海と漁撈に長けた水人であり、東北アジアの中で、「倭人」のような水人は、他に例がないことに注目している（『日本の古代　1倭人の登場』森浩一編、中央公論社）。

大海原に漕ぎ出していた縄文倭人たち

『後漢書』の光和元年（一七八）の記事に、意外な形で倭人国が登場している。東北アジアの鮮卑《せんぴ》族の大人《たいじん》（部族長）檀石槐《だんせきかい》は、人口の増加によって食糧不足になったこと、広大な川（烏侯秦水《うこうしんすい》。渤海《ぼっかい》に注ぐ遼河の支流）を見て、魚を捕ることを思いついたが捕まえる人がいなかった。

けれども、倭人が網を使い魚を捕ると知り、東に向かい、倭人国を討ち、千余家を連れて帰り、魚を捕らせたという。

おそらく、「倭人はよく魚を捕る」という情報は、東アジアの広い地域に知れ渡っていたのだろう。

さらに、金関丈夫は『山海経《せんがいきょう》』に記録されている「水居の住民（漁撈者か）＝倮《わい》人《じん》」の「倮」と「倭」の発音が近く、倭人が海の民とみなされていたという指摘を重視した。

一般に「倭人」は弥生時代から呼ばれるようになったと信じられているが、実際には、縄文時代後期、晩期から、日本列島の人たちは倭人と呼ばれていたのではないかと推理している。

これらの事情を踏まえた上で、森浩一は、次のようにまとめている。

おそらく縄文人は、北九州沿岸や玄界灘の島々をたくみに利用しながら大陸の一角にわたって、考古学的な証拠をのこしているのだが、中国の古典では、ほぼ同じころの事件として倭人の記録をとどめだしている。倭人は弥生人をさすというある種の常識ができているが、縄文後・晩期の人びとをも、中国人は倭人とよびだしたとみることは、先ほどからの縄文人の海での活動をたどると、むしろ当然のこととしてよかろう（前掲書）。

この指摘は、重要だと思う。

日本列島に長い間暮らしてきた人びとが海の民となり、大海原を自在に走り回り、日本列島の隅々に海の道を開拓し、交易のネットワークを構築し、やがてそのベクトルは、朝鮮半島や中国大陸にも向かって行ったのだろう。

内陸に暮らす人びとにとって、一歩間違えば命を落とす海を渡ってくること自体が、脅威だったろうし、特殊技能を有した人たちを、驚きをもって語り継いだのだろう。

そして、このような、日本の先住民の底力を前提にすれば、邪馬台国とヤマト建国、古墳時代、そのあとに続く日本の歴史も、見方を大きく変えねばなるまい。

さて、古代の日本と朝鮮半島の関係を知る前提として、縄文人と弥生人に注目したのは、弥生時代が圧倒的な渡来人のパワーによって成し遂げられたという一般に広まった「漠然とした常識」を、払拭《ふっしょく》しておかなければならなかったからだ。

そしてもちろん、ヤマト建国時に「九州から強い王（神武天皇）が乗り込んで、ヤマトは建国された」という『日本書紀』の説話も、「渡来系の王家の征服戦」とみなせなくなるはずだ。その基礎知識として、縄文から弥生の移り変わりの真相を、知っておいてほしかったのである。

そこでいよいよ、次章から、歴史時代の倭国と朝鮮半島のつながりについて、考えていきたい。

第二章

神話と史実から見えてくる日朝関係の意外な姿

神話の中で朝鮮半島に舞い下りたスサノヲ

ようやく歴史時代に話題は移るが、その前に言い添えておかなければならないのは、『日本書紀』の神話の時代から、すでに朝鮮半島との関係が語られていたことだ。

それが、天照大神の弟・スサノヲ（素戔嗚尊、須佐之男）をめぐる説話だ。スサノヲは天上界（高天原《たかまのはら》）で暴れ回り、驚いた天照大神は天石窟戸《あまのいわやと》に閉じこもってしまった。神々の活躍で天照大神を引き出すことはできたが、スサノヲは責任をとらされ追放された。

こうしてスサノヲは、出雲に舞い下りたのである。

神代上第八段正文には、スサノヲが天上界から出雲国簸《ひ》の川（斐伊川《ひいかわ》）に舞い下り、ヤマタノオロチ（八岐大蛇）退治をして奇稲田姫《くしいなだひめ》を救い、娶《めと》ったとあるが、一書第四には、スサノヲが天上界を追われた時、子のイタケル（五十猛神）を率いて新羅《しらぎ》国に舞い下り、次のように述べた。

「この地に、私はいたくない」

そこで埴土(赤土)で船を造り、東に渡り、出雲国の簸の川の鳥上峰(島根県仁多郡奥出雲町)に至ったといい、やはり大蛇を成敗したとある。

朝鮮半島とのつながりが示されたのは、次の場面だ。一書第五に、興味深い話が載っている。

スサノヲは「韓郷《からくに》の島（朝鮮半島）には、金銀がある。もし、わが子の治める国（日本）に浮宝《うくたから》（船や木材）がなければ、これはよくない」こうおっしゃって、あごひげなどの体毛を抜いて散らすと、それが樹木になった。

そうして予祝《よしゅく》して、次のようにおっしゃった。

「スギとクスは船に、ヒノキは宮殿の木材に、マキ（柀）は現世の人びとの棺《ひつぎ》にすればよい。それに、食べ物となる木の実の種（八十木種）は、十分播《ま》いて植えた」

時にスサノヲの子イタケルと妹たち三柱の神も、木種を播き、紀伊国に渡った。またのちに、スサノヲは熊成峰《くまなりのたけ》（ナリは古代朝鮮語で「津」「川」。百済には「熊津」、伽耶〈任那〉には「熊川」がある）におられ、ついに根国《ねのくに》（地の底、あるいは海の底）に入っていった。

このように、出雲建国に関わったスサノヲは、朝鮮半島と接点があったと『日本書紀』は言う。

『出雲国風土記』にも、朝鮮半島との関係が示されている。有名な国引き神話だ。出雲東部の意宇郡《おうのこおり》の段に、話はある。意宇の地名説話だ。八束水臣津野命《やつかみづおみつののみこと》（『古事記』によれば、スサノヲの四世の孫で大国主神《おおくにぬしのかみ》の祖父だという）は、

「八雲立つ出雲国は、幅の狭い布のように若く小さく造られた。だから縫い合わせなければならない」

と言い、日本海の対岸、朝鮮半島の新羅に余った土地はないかと見やると、岬があった。

そこで童女の胸のような平らな鋤《すき》で、大きな魚のエラを突き分けるように、新羅の地を刻んで、三本を縒《よ》って作った太い綱をひっかけて、河船を運び上げるようにゆっくり慎重に、

「国よ来い、国よ来い」

と引き寄せた。こうして縫い合わせた国が、島根半島の西北部だった（去豆《こづ》の折《おり》絶《たえ》から八穂爾支豆支《やほにきづき》の御埼《みさき》まで、現在の出雲市小津町から出雲市大社町日御碕《ひのみさき》のあた

国引き神話に関連する出雲周辺

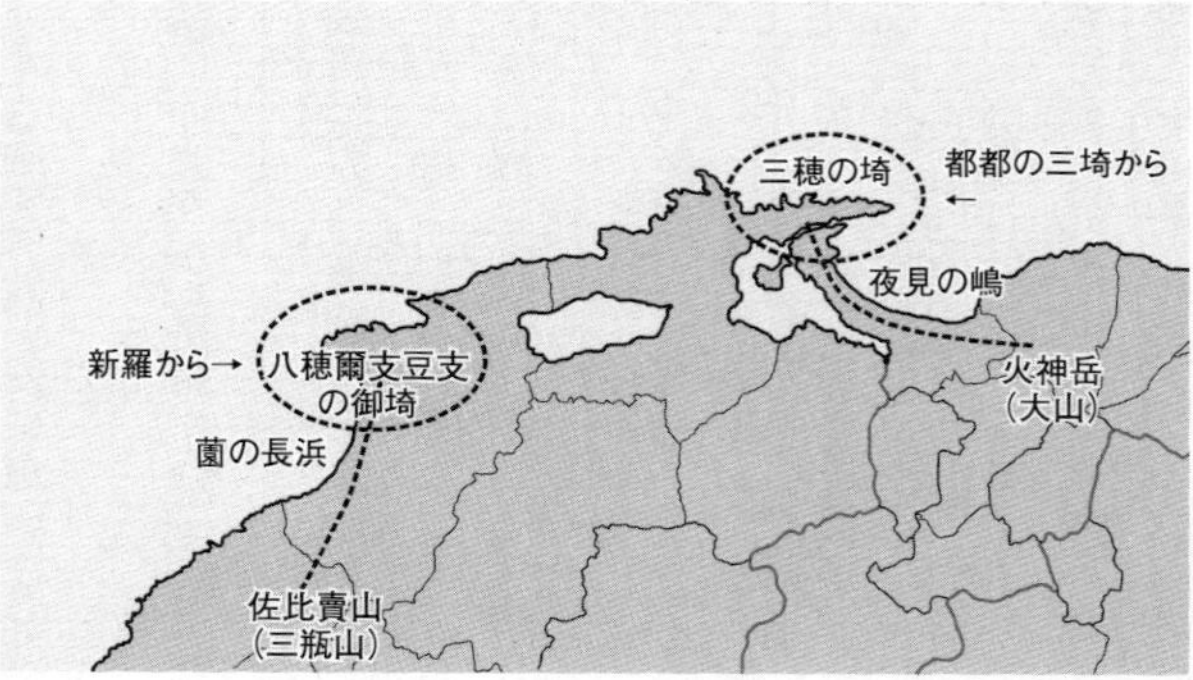

り)。

この時つなぎ止めるために打ち込んだ杭は、石見国《いわみのくに》(島根県西部)と出雲国の境にある佐比《さひ》売山《めさん》(三瓶山《さんべさん》)だった。綱は薗《その》の長浜になった。

新羅だけではない。高志《こし》(越)の都都《つつ》の三埼《みさき》(能登半島の北端、珠洲岬《すずみさき》か)の余った土地を引き寄せて造ったのが、三穂の埼(松江市美保関町)で、この時の綱が夜見《よみ》の嶋《しま》(弓ケ浜)、打ち込んだ杭が伯伎国《ははきのくに》(鳥取県西部)の火神岳《ひのかみだけ》(大《だい》山《せん》)だというのだ。

国を引き終えた八束水臣津野命は、意宇の杜《もり》(出雲の東部)に御杖を突き立て、「おゑ」と声を発した。だからこの地を「意宇」と呼ぶようになった……。

この国引き神話でも、朝鮮半島の新羅が関わってくる。これはいったいなぜだろう。

騎馬民族が朝鮮半島南部から渡来して日本を征服した？

天孫降臨神話から神武東征（あるいは応神東征）に続く説話は、背景に渡来人の征服劇が隠されているという指摘がある。

現実に渡来人が日本列島に押しかけ、九州を支配し、その後東征に打って出たという。

その代表例が、昭和二十三年（一九四八）に掲げられ、大きな波紋を投げかけた江上波夫《えがみなみお》の「騎馬民族日本征服説」であろう。

ツングース系の騎馬民族が、三世紀末ごろ、高句麗から南下し朝鮮半島南部を圧倒すると、四世紀に北部九州に上陸したといい、この一連の動きが、『日本書紀』の天孫降臨神話の裏側に隠されているという。

さらに、九州で地盤を固めた彼らは、四世紀末から五世紀に東に移り、ヤマトを征服し、今日に続く天皇家は誕生したというのである。

論拠は次のようなものだ。

まず、第十代崇神《すじん》天皇の諡号《しごう》はミマキイリヒコ（御間城入彦）で、この「ミマキ」は朝鮮半島南端部の「ミマナ」（任那、伽耶）に通じることから、この人物が北部九州を制圧した王であり、第十五代応神天皇の東征が、騎馬民族の移動を意味しているという。

江上波夫は次のように述べる。

任那こそ日本の出発点であったので、そこを根拠とし崇神天皇を主役とした天神（外来民族）が北九州に進撃し、ここを占領したのが、いわゆる天孫降臨の第一回の日本建国で、その結果、崇神はミマ（ナ）の宮城に居住した天皇――御間城天《ミマキノスメラ》皇《ミコト》と呼ばれたと同時に、ハックニシラススメラミコトの称号も与えられることになったのであろう（『騎馬民族国家』中公新書）。

ハックニシラススメラミコトとは、初めてこの国を治めた天皇の意味だ。

たしかに、この仮説を用いれば、神話や『日本書紀』の記事と騎馬民族の動きが重なって見える。

さらに考古学的には、五世紀前後で古墳文化に断絶があると指摘する。後半になると、弥生式的（農耕民族的）な特徴が薄まり、現実的で戦闘的で、王侯貴族的で、北方アジア的な性格が著しくなるという。

文化の一貫性、継続性に欠け、すなわちこれは、騎馬民族がヤマトを蹂躙したからだというのである。

戦前の皇国史観に対する反動も手伝って、江上波夫の新説は、一世を風靡《ふうび》し、多くの賛同者を得た。

たとえば、海音寺《かいおんじ》潮五郎《ちょうごろう》と司馬遼太郎《しばりょうたろう》の『日本歴史を点検する』（講談社）に載る次の会話が興味深い。江上波夫の騎馬民族日本征服説に言及している。

海音寺　最近の朝鮮の学者たちにもその説の人が多く、こっちが本家で、日本が分家だという説なんですね。戦後まもなく私もそれを考えたことがあります。朝鮮と日本との関係は、イギリスとアメリカとの関係なんじゃないかとね。朝鮮がイギリス、日本がアメリカとね。

司馬　私も大ざっぱに言うと、そういう考えが常識的だと思うんですけども。

この本の発売は昭和四十五年（一九七〇）のことで、ちょうど騎馬民族日本征服説がもてはやされていた時期だ。天才漫画家・手塚治虫《おさむ》も、『火の鳥　黎明《れいめい》編』の中で、邪馬台国が騎馬民族に蹂躙されるストーリーを組み入れている。当時は、これが普通に受け入れられていたことが分かる。

当然、天皇も渡来系で、古代日本は、朝鮮半島の風下に立たされ続けたと、多くの人が信じていたのである。

本当に日本は渡来人に圧倒されたのか

はたして日本は渡来人に圧倒され支配されたのだろうか。古代の日本は、中国や朝鮮半島からもたらされる先進の文物のお下がりを頂戴するだけの、弱々しい存在だったのだろうか。

真っ先に浮かぶ疑念は、もし仮に江上波夫の唱えるように、朝鮮半島最南端から大軍が海を渡って日本を支配したというのなら、朝鮮半島側は「自慢気」に記事を残したはずなのだ。しかし、そのような記述は、どこにもない。かろうじて、『三《さん》国遺事《ごくいじ》』に、次の記事が載る。

阿達羅王《あだつらおう》四年（一五七）に、延烏朗《えんうろう》という人物が新羅の海岸で海藻を摘んでいたところ、大きな岩が動きだし、延烏朗を日本に連れて行ってしまったという。日本の人々は「ただものではない」と、延烏朗を王に立てた。妻の細烏女《さいうじょ》も、夫を追って岩に乗って来日し、王妃となった。

ところが新羅では、太陽と月の輝きが失われ、阿達羅王は、二人を連れ戻すように命じたが、二人は「日本にやってきたのは天の思《おぼ》し召し」と頑《かたく》なに拒み、帰ってこなかった。その代わり、絹の織物を使者に渡し、その布で天を祀《まつ》れば元通りになると伝えてきた。いわれたままに祀ってみると、太陽と月はふたたび輝いたという。

この場合、王が軍団を率いて日本に渡ったわけではないし、神話の域を出ていない。『三国遺事』は十三世紀に編纂されているから、どこまで真実なのか、はっきりとしない。

さらに、西暦一五七年には浅い日食が、翌年には皆既《かいき》日食が起きていたことから、日食をめぐる神話の可能性が残される。

少なくとも、この文面から、「朝鮮半島の巨大な勢力が日本に渡り、征服した」と読み取ることはできない。

逆に『新羅本紀』には、紀元前五〇年から五世紀末、六世紀初頭に至るまで、倭人が朝鮮半島東南部の新羅を攻め続けたと記録されている。

「倭人、兵を行《つら》ねて、辺を犯さんと欲す」「倭人、東辺を侵す」「倭兵、東辺を寇す」「倭兵大いに至る」「倭人、衆を恃《たの》み、直進す」「倭人、大いに敗走す」「倭人、来りて金城を囲む。五日になるも解かず」「倭人、東辺を侵す」「南辺を侵し、一百人を奪掠《だつりやく》せり」と、連綿と出兵していたことが記録されていたのである。

これらの『新羅本紀』の記事のうち、少なくとも四世紀末の記事に関しては、裏付けがある。

高句麗が残した金石文《きんせきぶん》・広開土王碑文《こうかいどおうひぶん》にも、「倭に攻められる新羅」の文面があって、『新羅本紀』の記事とよく似ている。

永楽九年（三九九）に、「倭人、其の国境に満ち、城池を潰破し、奴客を以て民と為す」、同十年（四〇〇）の条に、「教《きょう》して歩騎五万を遣《つか》わし、往きて新羅を救わしむ。男居城《だんきよじょう》より新羅城に至るまで、倭は其の中に満つ」とあり、これに対応するのは、『新羅本紀』の「倭人、来たりて金城を囲む」（三九三年）と、「倭兵、来たりて明活城《めいかつじょう》を攻む」（四〇五年）である。

　これら、朝鮮半島側の史料を見る限り、日本が朝鮮半島の大群に襲われ征服されたとは、とても考えられないのである。

　もっとも、新羅建国は四世紀のことだから、それ以前に「倭人が新羅を攻めていた」という記事をすべて信じるわけにはいかないだろう。

　しかし、「被害者側の証言」だけに、無視できないものがある。

倭国大乱と邪馬台国

倭人が朝鮮半島南部に盛んに進出していたのは、この一帯に埋まっていた鉄資源の利権を求めてのことだろう。

逆に、かつて盛んに喧伝されていた朝鮮半島からの一方的な侵略行為は、想定できない。

しかし、戦後の史学者たちが疑ったように、天孫降臨神話は「朝鮮半島から渡ってきた征服者の物語」で、神武東征説話は、「征服者の九州支配と東征」という図式とぴったりと重なって見えるのも確かなことなのだ。

ここに大きな謎が隠されている。そこでまず、ヤマト建国とはいったいどのような事件だったのか、そこをはっきりとさせておこう。

ヤマト建国は纒向《まきむく》遺跡（奈良県桜井市）の出現に求められる。纒向は三世紀初頭に忽然《こつぜん》と出現した、政治と宗教に特化された前代未聞の都市だ。

また三世紀後半から四世紀ごろ、箸墓（箸中山古墳）に代表される前方後円墳がここで生まれ、各地に伝播していった。この、前方後円墳を採用した諸地域のゆるやかな連合体が、ヤマトにほかならない。

そして、纒向出現以前の日本列島は、戦乱の時代だった。いわゆる倭国大乱である。

『後漢書』東夷伝には、「桓霊《かんれい》の間（一四六〜一八九年）、倭国大いに乱れ、更《こも》ごも相攻伐し、歴年主無し」とある。

「魏志倭人伝」には、「本また男子を以て王となし、住まること七、八十年。倭国乱れ、相攻伐すること歴年」とよく似た記事が載る。邪馬台国の卑弥呼が登場する直前のことだ。

ところで、邪馬台国の卑弥呼というと、「魏志倭人伝」に載った記事で知られるが、この時代、日本と中国の間で、いくつもの交流があったようなのだ。

たとえば奈良県天理市東大寺山《とうだいじやま》古墳（四世紀後半。全長約一四〇メートルの前方後円墳）から、興味深い金象嵌《きんぞうがん》をあしらった鉄刀（長さ一〇三センチ）が見つかっていて、日本と後漢のつながりが確認できる。

中平□□（年）五月丙午造作文（支）（刀）百練清剛上応星宿（下）（避）（不）（祥）（括弧の文字は、推定）

ここにある「中平《ちゅうへい》」は、後漢の霊帝の年号で、西暦一八四〜一八九年を指している。

「よく鍛えた刀だから、天上では神の意にかない、下界では、災いを避けることができる」と言っている。

問題は、倭国大乱の時代の奈良盆地の首長が中国と交流を持っていた可能性が高いことだ。これは、卑弥呼が共立された前後の話だから、邪馬台国畿内論者にとっては、有力な証拠ということになろう。

しかし、この鉄刀は、その他の大量の武器・武具類とともに副葬されていたこと、大刀は「動産」で、北部九州からもたらされた可能性も捨てきれない。

また、後に触れるように、ヤマト建国後の外交戦も、地域ごとの首長（豪族）が、海外とつながっていたことと、邪馬台国の時代の日本列島はさらにばらばらだったろうから、後漢とつながっていたからといって、そこが邪馬台国とは限らない。

虎の威を借る外交戦

ここで言えることは、邪馬台国、ヤマト建国の直前、日本列島は争乱の時代だったこと、混乱の中で、もがき続けた地域の首長が、中国と交渉を持つことによって、優位に戦いを進めようとしていたと思われることだ。

いずれにせよ、倭国大乱に際し海の向こうの勢力を巻き込み、また逆に、大陸や朝鮮半島の混乱が、日本列島に波紋を投げかけ、連動していた可能性を示している。

邪馬台国の卑弥呼も、周囲の混乱を抑えるために、虎の威を借るというわけだ。景初三年（二三九）、帯方郡に使者を送り込み、魏に朝貢し、「親魏倭王」の称号を獲得している。

正始八年（二四七）には、卑弥呼は魏に対し、報告した。すなわち、狗奴国《くなこく》の男王卑弥弓呼《ひみくこ》ともともと仲が悪かったこと、交戦している様子を伝えた。

そこで帯方郡は、国境を警備している属官の張政《ちょうせい》らを遣わし、詔書と黄幢《こうどう》（黄色の垂れる旗）を授け、檄《げき》（おふれ）を書き、卑弥呼に告諭した……。

卑弥呼の策は、大きな成果を上げたのだ。

けれども、張政らが倭国にやってきた時、卑弥呼は亡くなっていた。戦争に巻き込まれたのか、病死なのか、その記述はない。

ただ、張政はそのまま倭国にしばらく留まっている。卑弥呼の死後男王が立ったが、国中が従わず、殺し合いになって、当時千余人が死んだ。

そこで卑弥呼の宗女《そうじよ》（一族の女）で十三歳の台与《とよ》を王に立てると、ようやく国が定まった。

張政らは、檄を書いて台与を告諭すると、台与は倭の大夫ら二〇人を遣わし、張政らを送った。使いはその足で魏の都に向かい、男女の奴隷三〇人、白珠、青大句珠《せいだいこうじゆ》（青い大きな勾玉《まがたま》）、珍しい模様の雑錦《ざつきん》を貢物にした、というのである。

『魏志』の中で、倭人の記事が他の地域よりも多く、また卑弥呼が優遇されていたのは、このあと触れるように、魏にとって戦略上日本列島が重要な意味を持っていたからだとする説もある。

三世紀の日本列島は、すでに東アジア情勢の渦中に巻き込まれていたといえるだろう。

それともうひとつ、付け加えておくと、このような外交戦も、一方的な甘えだったかというと、そうとばかりも言いきれないのである。

『三国志』や『三国志演義』で知られる魏の曹操は、安徽省《あんきしょう》の北西端、亳《はく》州市の出身だ。

その亳州市に曹家の墓と目される古墳があって、そこから西暦一七〇年ごろに造られたと思われる字磚《じせん》（文字を刻んだタイル）が多数見つかっている。

その中のひとつには、「有倭人以時盟不」と書かれていた。

森浩一は「倭人が時をもって盟することがあるか」と解釈している（『日本の古代1 倭人の登場』森浩一編、中央公論社）。

その上で、後漢王朝が倭国の大乱の仲介に出ていた可能性が読み取れること、ここに登場する「倭人」が、倭国大乱から逃れ、中国大陸に落ち延びた人びとと捉える説を紹介した上で、実際には、日本列島の倭人でもなんらおかしくはないと、森浩一は述べ、倭国大乱の側面が生々しく伝えられていると指摘している。

また、のちにふたたび触れるが、倭国大乱の時期、後漢の衰弱は激しく、朝鮮半島への影響力も弱まっていた。

二世紀末から三世紀の初めにかけて、公孫康《こうそんこう》（遼東太守《りようとう》・公孫度《こうそんたく》の子）は後漢からの独立を目指し、楽浪郡《らくろうぐん》の南側に帯方郡を設け、朝鮮半島に軍事的な圧迫を加えるようになった。

『三国志』東夷伝には、「帯方郡設置ののち、倭と韓が帯方郡に属すようになった」と記される。中国王朝の盛衰に倭も韓も、影響を受け、また逆に後漢も倭の動向に敏感に反応していたことが分かる。

後漢滅亡後、魏が楽浪郡を奪い、その直後に邪馬台国の卑弥呼が使者を送り届けているところを見ても、当時の列島人の外交センスの高さに驚かされるのである。

神武東征は征服戦なのか？

ヤマト建国といえば、神武東征説話を思い浮かべる。ご高齢の方ならば、尋常小学校の教科書に載る挿絵が頭にこびりついて、「強い王の征服戦」と信じている方も少なくあるまい。

また、すでに述べたように、天孫降臨から神武東征に続く『日本書紀』や『古事記』のストーリー展開は、そのまま「朝鮮半島からの渡来（降臨）→ヤマトに向けた征服戦」に見えてくる。

しかし、考古学はすでにヤマト建国について、「渡来人による征服」ではなかったことを明らかにしている。

そこで、ヤマト建国の真相について、整理しておきたい。

神武東征から話を始めてもよいのだが、念のために、神話から話を始めよう。そのあとに、考古学の説明をする。

なお、ヤマト建国に関しては筆者の考えは通説と大きく異なる。詳細は他の拙著を参照していただきたい。

さて、『日本書紀』はヤマト建国に至る歴史を、神話にして語っている。

スサノヲ（素戔嗚尊）が天上界（高天原）で狼藉《ろうぜき》を働き姉の天照大神は驚き、天の岩戸に閉じこもってしまった。

八百万《やおよろず》の神々の活躍で天照大神を表に出すことができたが、スサノヲは地上界に追い払われた。

ところが、出雲に降り立ったスサノヲは、別人のような活躍を始めた。八岐《やまたの》大蛇《おろち》を退治し、奇稲田姫を娶ると、出雲の国造りを始める。

そして、子（あるいは婿、あるいは末裔）のオオナムチ（大己貴神、大国主神）にあとを託し、消えて行く。

オオナムチは国土を造り終えるが、天上界の横槍が入る。国譲りを強要してきたのだ。

天上界の作戦は緻密《ちみつ》で、まず工作員を出雲に送り込んでいる。その中のひとりが天穂日命《あまのほひのみこと》で、彼が出雲国造家の祖だ。

ただし、天穂日命は出雲神《いずもしん》と親密になり、出雲に同化してしまったと『日本書紀』は言う。

なかなか計画通りに進まない様子に業を煮やした天上界は、切り札に経津主神《ふつぬしのかみ》と武甕槌神《たけみかづちのかみ》を送り込み、ようやくオオナムチは国を譲り渡したのだった。

こうして、葦原中国《あしはらなかつくに》は天上界のものとなり、高皇産霊神《たかみむすひのかみ》と天照大神双方の孫に当たる天津彦彦火瓊瓊杵尊《あまつひこひこほのににぎのみこと》が、地上界に降ろされた。

これが、天孫降臨で、高千穂峯《たかちほのたけ》（宮崎県と鹿児島県の県境の高千穂峰と宮崎県西臼杵郡高千穂町の二説あり）に舞い下り、徒歩で笠狭碕《かささのみさき》（鹿児島県西部の野間岬）にたどり着いた。

このあと、天津彦彦火瓊瓊杵尊の子らが海幸彦《うみさちひこ》・山幸彦《やまさちひこ》神話をくり広げ、その後神武天皇（神日本磐余彦《かむやまといわれびこ》）が登場する。天津彦彦火瓊瓊杵尊の曾孫だ。

神武は呪う王

神武紀元前七年、神武天皇が日向（宮崎県と鹿児島県）にいた時、神武は次のように宣言して東征を始める。

「わが天祖がこの西のほとりに降臨され、すでに百七十九万二千四百七十余年がたった。しかし、遠く遥か彼方の地では、われらの徳もおよばず、村々に長《おさ》がいて境を分かち、互いに争っている。

また、塩土老翁《しおつつのおじ》（住吉大神。海幸山幸神話で山幸彦を海人の宮に誘った）に聞いたところによると、東の方角に美しい土地（ヤマト）があるという。四方を山に囲まれ、すでに天磐船《あまのいわふね》に乗って飛び降りた者がいるという。

私が思うに、その地は必ず大業を広めるに適したところだろう。国の中心にふさわしい地にちがいない。その舞い下りた者とは、ニギハヤヒ（饒速日命）のことであろうか。そうであるならば、私がかの地に赴《おもむ》き、都を造ろうではないか」

こうして、神武は日向を旅立ったのだ。

神武天皇は勇猛果敢にヤマトに乗り込んだというイメージが強いが、実際には最初のヤマト入りに失敗している。

ニギハヤヒはヤマトに乗り込んだ時、先住のナガスネビコ（長髄彦）の妹を娶っていたが、ナガスネビコが神武のヤマト入りを生駒山《いこまやま》（奈良県と大阪府の境）を背に抵抗したのだ。

神武の兄が亡くなり、神武はやむなく紀伊半島を大きく迂回する策をとる。

道中も難儀し、危ういところを神に助けられ、さらにヤマトの敵に打ち勝てないとあきらめかけたが、神の教えに従い、天香具山の土を取り、土器を造り天神地祇《てんじんちぎ》を祀り、敵を呪い、けりがついたのだ。

呪術の勝利であり、神武の軍勢が強かったからではない。

そして、ニギハヤヒは神武に対する抵抗をやめようとしないナガスネビコを殺し、恭順している。

よくよく考えると、神武東征説話は不思議な内容なのだ。『日本書紀』は、天皇家の正統性と正義を証明するために書かれたと信じられている。

もしこの常識が正しいのなら、なぜ『日本書紀』編者は、「かっこいい神武」「強い神武」「悪のヤマト」を描かなかったのだろう。ニギハヤヒから王位を禅譲されたという話も、腑に落ちない。

天皇家の祖と出雲神は鏡に映した表と裏？

神武東征説話を、どう考えればよいのだろう。

まず、今から二千数百年前という時代設定を信じるわけにはいかず、もし仮に、神武天皇が本当に九州からやってきたのなら、実際には三世紀後半から四世紀にかけての出来事とみなさざるを得ない。

そこで、史学界は次のようなアイディアを生み出した。初代神武天皇と第十代崇神天皇は、同一人物で、ひとつの話を二回に分けて語ったのではないか、というのだ。

根拠は、神武も崇神も「ハックニシラス天皇（初めてこの国を治めた天皇）」と称えられていること、神武天皇紀の場合、東征のあとの話がすっぽり抜け落ちているのに対し、崇神天皇紀は、その穴をちょうど埋めるかのような記述になっている。

これは、天皇家の歴史を「遠く」「長く」見せかけるためのカラクリなのではないか、というのだ。

筆者は、初代と十代は同時代人だが別人で、初代と十五代の応神天皇は同一人物とみなす（拙著『神武東征とヤマト建国の謎』）。

ここで注目しておきたいのは、神武天皇即位後の正妃選びと、崇神天皇の時代に起きた祟《たた》りの話なのだ。

どちらも「出雲」がからんでいて、ここにヤマト建国をめぐる本当の謎が隠されていたのである。

『日本書紀』によれば、神武天皇は広く貴族の中から正妃を求めた。すると、出雲神・事代主神《ことしろぬしのかみ》の娘（媛蹈韛《ひめたたら》五十鈴《いすず》媛命《ひめのみこと》）を推挙する者がいて、これを娶ったという。

神武の祖と出雲神は敵対していたのに、なぜ正妃に招いたのだろう。

崇神天皇の時代にも、不可解な事件が起きている。

崇神五年（おそらく四世紀初頭）に疫病が蔓延し、人口が半減してしまった。治政は思うようにいかず、流浪する民が溢《あふ》れ、不穏な空気が流れた。

そこで占ってみると、災難は出雲神・大物主神《おおものぬしのかみ》の意志と分かった。大物主神はオオナムチの和魂《にぎみたま》で、出雲の国譲りの直前、ヤマトの三輪山に祀られるようになったのだ。

そこで崇神天皇は、大物主神の言いつけ通り、大物主神の子の大田田根子《おおたたねこ》を探し出し、大物主神を祀らせた。すると、騒ぎは収まったという。

なぜ初代王と「出雲」が、奇妙な形でからんでくるのだろう。

上山春平《うえやましゅんぺい》は『続・神々の体系』（中公新書）の中で、『古事記』の神統譜に疑念を掲げている。

アメノミナカヌシ（天之御中主神）から二つに分かれた神統譜は、「高天の原系（天皇家の祖）」と「根の国系（出雲神ら）」に分かれて、イハレヒコ（神武天皇）の代に合流してひとつの流れに戻ること、これは何を意味しているかというと、「高天の原系」と「根の国系」は、鏡で映した表と裏だと指摘したのである。

この指摘は、古代史の根幹を覆しかねない重大な意味を持っていると思う。

スサノヲは始祖王だった？

上山春平がこの考えを提出したころ、「神話の出雲の国譲りは現実にあった事件ではなく、のちの時代の創作」と考えられていた。

それもそのはず、出雲からめぼしい考古学の発掘がなく、神話にあるような巨大勢力が出雲に実在したとは夢にも思っていなかったからだ。

梅原猛は、出雲の神は観念的に中央から流竄《りゅうざん》させられたと、つい数年前まで唱えていたくらいだ。

しかし、昭和五十八年（一九八三）に荒神谷《こうじんだに》遺跡が出現し、その後次から次と考古学者が腰を抜かすような発見が相次ぎ、出雲にはけっして侮《あなど》れない勢力が実在していたことが分かってきた。

そして、ヤマト建国にも強い影響を及ぼしてきたことが分かってきたのだ。

もし数十年前に出雲から遺物が出土していたら、上山春平は「高天の原系と根の国系は鏡に映した表と裏」と考えただろうか。「観念的に出雲は創作された」と信じられていたから、「二つは本来同一」という推理に結びついたのだろう。

ならば、上山春平の発想は、考古学の進展によって否定されてしまったのだろうか。

そうではないと思う。なぜそう考えるのか、少しずつ説明していこう。

中国文学の専門家・古賀登《こがのぼる》は、前漢末期の揚雄《ようゆう》が各地から集めた方言をまとめた『方言』巻十三に、「鼻《はな》は始《はじめ》なり」とあることをスサノヲに当てはめた。神話の中で、スサノヲは鼻から生まれているからだ（『神話と古代文化』雄山閣）。

泉谷康夫《いずみややすお》は「記紀神話形成の一考察」（『日本書紀研究　第一冊』三品彰英編、塙書房）の中で、天照大神の弟で出雲に舞い下りたスサノヲは、かつて日神《ひのかみ》と崇められ、皇祖神として尊ばれていたのではないかと指摘している。

その根拠を泉谷康夫は、天照大神とスサノヲの「誓約《うけい》」の場面に求めている。

『日本書紀』神代上第六段正文に、次の説話が載る。

根国に追放されたスサノヲだが、「せめて一目姉（天照大神）に会いたい」と、天上界に登ってきた。

すると大海原は荒れ狂い、山は鳴り轟き、スサノヲの荒々しい性格に天照大神は怯え、国（天上界）を奪おうとしているのではないかと疑ったのだ。

スサノヲは身の潔白を証明するために、誓約をして子を生もうと持ちかけた。天照大神はこれを受け入れ、スサノヲの十握剣《とつかのつるぎ》を三つに打ち折り、天真名井《あまのまない》に濯《すす》ぎ、嚙《か》み砕くと、吹き捨てる息の狭霧《さぎり》から、宗像三神《むなかたさんしん》（田心姫神《たごりひめのかみ》・湍津姫神《たぎつひめのかみ》・市杵島姫神《いちきしまひめのかみ》）が生まれた。

スサノヲは天照大神の八坂瓊《やさかに》の五百箇御統《いおつみすまる》（玉）を求め、天真名井に濯ぎ嚙み砕き、吹き捨てる息の狭霧から生まれたのは、正哉吾勝勝速日天忍穂耳尊《まさかあかつかちはやひあまのおしほみみのみこと》と天《あまの》穂日命《ほひのみこと》らの男神であった。

天照大神は「私の持ち物から生まれた男神は私の子」と述べ、生まれた女神たちをスサノヲに授けたのだった。

南部九州に逃れた出雲の貴種

泉谷康夫はこの誓約説話の原型こそ、「ヒルコとヒルメの聖婚」ではないかと指摘し、さらにスサノヲが皇祖神だったという考えが、ある時期まで共有されていたのではないかと推理したのだ。根拠は、以下の通り。

『日本書紀』神代上第六段には、正文のほかにいくつもの異伝が載せられている。天照大神が男神をスサノヲは女神を生んだという話は同じだが、御子神を生む時のお宝が、コロコロと入れ替わり、所持者も定まっていない。

そして、天照大神は「日神」と呼ばれる場面がある。天照大神は人格的名称で、「日神」よりも新しい観念だ。

そこで「天照大神よりも古い日神」の持ち物に注目すると、剣なのだ。剣から生まれたのは女神で、逆にスサノヲは五百箇の御統の玉で男神を生んでいる。

こちらが神話の原型であり、スサノヲが天皇家の祖という話が、本来の形であり、本来男神だった太陽神を女神にすり替え天照大神を創作し、その過程で、話のつじつまを合わせる必要があったのではないか、というのである。

さらに、『山城国風土記』逸文《いつぶん》の賀茂社にまつわる説話の中で、神を祀る巫女(玉依日売《たまよりひめ》)が祀られる神に変化していく説話が載るが、泉谷康夫はこれが天照大神とそっくりだという。

『日本書紀』は最初天照大神を大日孁貴《おおひるめのむち》と呼んでいたが、これは「ヒルメ」であり、天照大神とスサノヲのコンビは、「ヒルメとヒルコ」の対になっているとする。『日本書紀』神話の中でこれらの神々は、日神→月神→ヒルコ(蛭児)→スサノヲの順番に生まれている。

ヒルコは三歳になっても歩くことができなかったとあり、『古事記』には、スサノヲも八拳鬚《やつかひげ》がはえるまで泣き止まなかったとある。ヒルコもスサノヲも、どちらも捨てられる宿命を負っていたのである。

ヒルコが捨てられた直後にスサノヲが生まれたと記されるのは、ここで「入れ替わりがあったから」ということになる。

なぜスサノヲと天皇家のつながりにこだわるかというと、筆者は「天皇家は敗れた出雲神(日本海勢力)の末裔そのもの」と考えるからだ。

ヤマト建国前後の混乱の中で、主導権争いに敗れた出雲の貴種は、大挙して北部九州を経由して九州南部に逃れ、復活の日を待ち望み、呪い、恨んだにちがいないと考える。

そして、崇神天皇の御代、ヤマトで疫病が蔓延し、これを「出雲神の祟りにちがいない」と震え上がった時、「出雲神を祀るものを連れて来ればよい」ということになり、南部九州に逼塞《ひっそく》していた出雲の貴種の末裔を、ヤマトが見つけだし、王に立てたのではないかという推理だ。

出雲神・大物主神の子（あるいは末裔）が神武天皇であり、神武天皇に王位を禅譲した崇神天皇はニギハヤヒということになる。

そしてもちろん、新たに立てられたヤマトの王は、権力者ではなく、祭司王である。

纏向遺跡の考古学

これまでの通説を当てはめても、なぜ『日本書紀』や『古事記』の神話の中で、

ヤマト建国の地・纒向遺跡（奈良県桜井市）

天皇家の祖が北部九州に舞い下りなかったのか、なぜ神武は南部九州からヤマトを目指したのか、その理由はうまく説明できなかったのだ。

その一方で、出雲の貴種が九州に落ち延びたこと、これが出雲の国譲りであるとともに天孫降臨であり、零落した彼らの末裔がのちにヤマトに誘われたという推理を当てはめれば、ヤマト建国をめぐる多くの謎が氷解する。

そこで、ヤマト建国の考古学を、ここで見つめ直してみたいのだ。私見を証明するだけではなく、ヤマト建国が渡来人による征服でなかったことが、はっきりとする。

さて、戦後の考古学最大の成果は、なんといっても纏向《まきむく》遺跡（奈良県桜井市）の発掘であろう。ここがヤマト発祥の地であったこと、ヤマト建国の様子が、細かく見えてきたのである。

それまで何もなかった場所に、二世紀末から三世紀初頭にかけて、忽然と都市が出現し、四世紀中に衰退していた。

それが纏向遺跡で、「三輪山麓の箸墓（箸中山古墳）がある場所」といった方が、一般的には通りがいいかもしれない。

農耕集落的な要素がなく、政治と宗教に特化された都市で、国の指導者が政務を司るにふさわしい場所だった。大きさは東西二キロ、南北一・五キロで、のちの藤原宮や平城宮（京ではなく、中心部）と遜色のない規模だったのである。

遺跡の南側には、最古の市場があった。それが海柘榴市《つばいち》で、縄文時代から続く東西を結ぶ陸路（横大路）の脇に位置し、奈良盆地のへりを南北に貫く上ツ道の交差点だ。大和川を使えば、大阪湾に出ることも可能だ。

纏向遺跡の中には運河も備わっていた。幅五メートルの溝が二本、V字形に遺跡の中を走っている。

弥生時代の環濠集落と異なる点は、防禦《ぼうぎょ》のための環濠や柵がなかったことだ。直前まで、倭国大乱が続いていたにもかかわらず、なぜ防衛本能を失った都市が誕生したのだろう。

考えられることは二つある。まず第一に、圧倒的な軍事力を持った王が、ヤマトに乗り込み、敵を徹底的に潰《つぶ》してしまったという推理だ。

しかし、武力で他者を征服した者は、武力で倒されることを恐れ、必ず防備を固めるものなのだ。だからもっとほかの理由を考える必要がある。

ヤマトは寄せ集めの国

考古学は、纏向が「寄せ集めの都市」だったと指摘している。

纏向遺跡を象徴するのは、前方後円墳だ。纏向で生まれ育った前方後円墳が、各地に伝播したことで、ヤマトを中心とするゆるやかな連合体が形成されていった。

そしてその前方後円墳は、弥生時代後期の西日本で盛行したいくつかの埋葬文化を融合させて生まれたと考えられている。

前方後円墳の原型を造ったのは吉備《きび》（岡山県と広島県東部）で、楯築弥生墳丘墓《たてつきやよいふんきゅうぼ》（岡山県倉敷市）は、円墳の左右に四角い出っ張りを備えていた。この形が前方後円墳の御先祖様だったようだ。

また、吉備で生まれた墳丘上に並べる特殊器台形土器も、前方後円墳に並べられた。出雲の貼石《はりいし》が前方後円墳の葺石《ふきいし》となり、北部九州からは、豪奢な副葬品の文化がやってきた。

畿内の埋葬文化の影響はそれほど大きくない。方形周溝墓《ほうけいしゅうこうぼ》の溝が、前方後円墳の周溝になったのではないかと考えられている。

ちなみに、前方後円墳は朝鮮半島からもたらされたと韓国の学者を中心に一時騒がれたことがあるが、韓国に存在する前方後円墳は、さらに時代が下ること、しかも、前方後円墳が日本の弥生時代後期の埋葬文化の集大成だったことが分かってきて、「前方後円墳は日本のオリジナル」だったことが、はっきりとしている。

ところで、考古学が示すヤマト建国の経過は、八世紀の朝廷も熟知していた可能性が高い。

『古事記』は第十代崇神天皇の時代に、日本各地に将軍が遣わされた（四道将軍《しどうしょうぐん》）

こと、太平洋側、日本海側、二手に分かれて東北に向かった将軍たちは、福島県会津若松市付近で落ちあい、だから「相津（会津）」の地名が生まれたと言っているが、四世紀の前方後円墳伝播の北限が、ほぼこの地域だった。

纏向遺跡には、さまざまな地域の人びとが集まってきていたようで、外来系の土器が多いことでも知られる。

しかも、もっとも多いのが伊勢・東海系で四九パーセント、山陰・北陸系が一七パーセント、河内系一〇パーセント、吉備系七パーセント、関東系五パーセント、近江系五パーセント、西部瀬戸内系三パーセント、播磨系三パーセント、紀伊系一パーセントだ。

東国の土器が過半数で、これも興味深い。

「外から人がやってきた」ことは、『日本書紀』や『古事記』も認めている。

神武天皇は、「ヤマトにニギハヤヒがいずこからともなくやってきていた」といい、それよりも早く、出雲の大物主神が三輪山に祀られ、ナガスネビコがヤマトに住んでいて、「いろいろな地域から人が集まってヤマトが誕生した」と証言している。

やはり、八世紀の朝廷は、ヤマト建国の歴史を知っていて、だからこそ、肝心な所を神話にすり替え、歴史を捏造《ねつぞう》し、真相を闇に葬ったと思われる。

大物主神を祀れば外交もうまくいく?

なぜヤマト建国の歴史にこだわったかというと、中国や朝鮮半島の歴史が日本の古代史に大きな影響を与えたのはもちろんだが、日本側の情勢も、朝鮮半島や中国に、何らかの影響を与えていたことは、間違いないからである。

たとえば、第十代崇神天皇が出雲神の祟りに怯えた時、大物主神は外交問題にからむ不可解な発言をしている。

大田田根子に大物主神を祀らせれば、国が穏やかになるだけではなく、「海外の国が、おのずと帰伏するだろう」というのだ。

一般に、この崇神天皇紀の一連の記事は神話あつかいされ、「史実」とみなされていない。

しかし、架空のお伽話《とぎばなし》に、なぜ本来必要のない「海外の反応」を載せる必要があるというのだろう。

そうではなく、ヤマト建国は、朝鮮半島情勢と密接にからんでいて、それを熟知していた『日本書紀』編者が、うまく話をすり替えながら、説話の中で「ほのめかし」ていたのではあるまいか。

もちろん、かつてのように、「だからヤマト建国の時、朝鮮半島から渡来人が押しかけたのだ」と言いたいのではない。楽浪郡《らくろうぐん》や帯方郡《たいほうぐん》を誰が支配するかで、朝鮮半島南部の国々は右往左往し、その激震は、日本列島にも伝わっていたのだ。

ヤマト建国は征服劇ではなかったが、東アジア情勢を加味しなければ、真相を理解できないはずなのだ。

弥生時代は戦争の時代で、それはなぜかといえば、人類は農業を選択すると、たいがいの場合戦争を始める生き物だからだ。

余剰生産によって人口が増え、農地を増やさなければならなくなる。だから、近隣地帯の人たちと、土地と水を奪い合う。争いになれば、強く賢い指導者が求められる。こうして、組織的な戦争が始まったのだ。

ところが、倭国大乱ののち、ヤマト建国が成し遂げられると、それまでの争乱がウソだったかのように、静かな時代が到来していたようなのだ。

そのマジックのような現象の真相を知るためにも、ここでいよいよ、朝鮮半島の歴史をふり返る必要がある。

スサノヲや出雲が天皇家だけではなく新羅とも深くつながっていたらしいことを、『日本書紀』は暗示していた。その真相を知りたくなるではないか。

箕子《きし》朝鮮と衛氏《えいし》朝鮮

朝鮮の歴史の出発点（古朝鮮）は、檀君《だんくん》神話に行き着く。

檀君は神と熊女（クマ）の間の子で、檀君による開国は、紀元前二三三三年のことになる（十五世紀に撰述された『東国通鑑《とうごくつがん》』による）。生まれた土地・平壌城（北朝鮮の首都）で統治した。

東北アジアの古代の非中国世界の諸種族を統治した、偉大な王の誕生だ。

この説話は、十世紀以降に語られ出したようで、史実とは考えにくい。

ところが次第に、檀君は「現実にいた」と主張されるようになってきた。北朝鮮の平壌市の東側の高句麗墓が檀君の墓と伝わってきたが、発掘したところ、男女の人骨が見つかり、しかも男性の骨は、五〇一一（±二六七）年前のものと分かった。神話と年代が合わないが（むしろ現実の人骨の方が古い）、そんなことはおかまいなしに「新たな檀君神話」が誕生しようとしている。

そしてこのあと、箕子朝鮮が登場する。紀元前十二世紀ごろから紀元前一九四年まで続いたという。

『史記』や『漢書』地理志に、「箕子が東に移って朝鮮に入った」と記録されている。『三国志』東夷伝には、箕子朝鮮最後の王・箕準《きじゅん》は「四十余世」だったと記録されている。

箕子は殷《いん》の王の子で、賢人、聖人だったと伝えられている。殷滅亡ののち、周の武王は箕子を敬い、朝鮮に封じたという。箕子は先住の民を教化し、朝鮮半島繁栄の基礎を築いたわけだ。

こうして箕子朝鮮は生まれた。ただし、近年、「中国からやってきた」ということから、箕子は朝鮮半島の人びとから敬遠されている。墓の伝承もあったのに、ほとんど無視されてしまっている。

中国から建国の祖がやってきたという話は、プライドが許さないのであろう。

箕子朝鮮の次は衛氏朝鮮の時代に移る。前漢の圧迫を受けて燕が滅亡し、大量の移民が、朝鮮半島北部に流入した結果だ。経緯は以下の通り。

紀元前一九五年、燕《えん》（河北省北部。北京から東側の遼東に至る広大な領域）の燕王が前漢を裏切り、匈奴《きょうど》に寝返った。

この時の燕王に仕えていた武将衛満に身の危険が迫り、匈奴に逃げたが、そのあと朝鮮半島北西部に身なりを地元風にした上で亡命し、各地からの亡命者の集住地を作り上げた。

こうして衛満《えいまん》は燕の亡民や土着勢力をまとめ上げ、謀略を用いて最後の王・箕準を滅亡に追い込んだ。そして現在の平壌のあたりに都を置き、衛満が新しい朝鮮の王に立ったのだ。これが衛氏朝鮮である。

ちなみに、近年韓国の史学者たちは、衛満は朝鮮出身だったと主張しているが、この見解の是非について、深く立ち入ろうとは思わない。

問題はそれまで未開の地と目されていた朝鮮半島が、衛氏朝鮮の三代の王の間に開けたために、漢王朝が領土的野心を抱くという皮肉が待ち構えていたことである。

紀元前一〇八年、前漢の武帝によって衛氏朝鮮は滅ぼされ、楽浪郡など四つの郡が置かれて、朝鮮半島は漢王朝の強い影響下に置かれるようになったのである。

ただし、前漢の支配は長続きしなかった。前漢は衰退し、内部崩壊が始まっていたのである。

前漢は広大な領土の周辺地域を手放していく。周辺民族から攻撃を受け続けてきた楽浪郡も手放し、西北に位置する遼東郡に本拠地を移したのだ。

前漢は楽浪郡を足がかりに、朝鮮半島を支配下に置いていたが、騎馬民族の高句麗が南下し、楽浪郡を脅かし、住民は韓族の住む南部に逃れた。

すると、漢による韓族に対する統制が緩み、朝鮮半島南部の諸地域は、小国に分かれて争いはじめたのだ。

ところで、中国歴代王朝は、朝鮮半島北部の高句麗のあつかいに頭を悩ませていく。漢民族が騎馬民族を恐れたのは、青銅器と鉄器文明が栄えたおかげで、豊かな森林を失い、だだっ広い荒野が残されたからだ。

騎馬軍団がこの荒野を疾走して襲いかかれば、大打撃を受ける。だからこそ、中国王朝は、狂気にしか見えない万里の長城を築いたのであって、高句麗征討に、苦心したのだ。

三国鼎立《ていりつ》と公孫氏《こうそんし》滅亡

念のために確認しておくが、この時点で、まだ日本列島と朝鮮半島では、多くの集落（小国家）に分裂したまま、大きくまとまった「国」は存在しなかった。弥生時代のまっただ中である。

さて、一世紀初頭の漢王朝末期のころから、中国では天候不順と戦乱により食料生産が激減し、人口も減った。

前漢元帝の皇后の甥・王莽《おうもう》が帝位を簒奪し、「新朝」が出現する。しかし、勢いを増してきた高句麗を下句麗と改名するなどの横暴があって、周辺諸国の反発を受け、結局前漢の皇族・劉秀《りゅうしゅう》（後漢の光武帝）との戦いに敗れ滅亡する。こうして、後漢が誕生した。

とはいっても後漢も長続きしなかった。二世紀後半から分裂状態に陥り、また、道教系の新興宗教・太平道《たいへいどう》の信徒数十万が蜂起した。これが黄巾《こうきん》の乱（一八四年）で、後漢は衰弱した。

こうして魏《ぎ》・呉《ご》・蜀《しょく》が鼎立《ていりつ》する三国時代が始まった。また遼東郡の豪族公孫氏がこの混乱に乗じて台頭し、楽浪郡を支配するようになった。

公孫氏は西暦一九〇年に後漢から独立し、二〇四年、朝鮮半島南西部の韓・濊族《わいぞく》の圧迫に備え、楽浪郡を分け、南側に帯方郡を建て、朝鮮半島南部の諸侯に睨《にら》みをきかせた。韓族や倭人は、みな帯方郡に属すようになった。

一方、中国大陸では、魏・呉・蜀の内の呉の孫権《そんけん》が、敵対する魏を挟み撃ちにしようと目論《もくろ》み、二三二年に使者を送り、公孫氏を「燕王」に封じて、魏を牽制した。一方で公孫氏は、北方に勢力を拡大していた騎馬民族国家高句麗にも近づいていった。

これを知った魏は、危機感を抱き、公孫氏に味方につくよう働きかけた。これに応じた公孫淵《こうそんえん》は、西暦二三三年、呉の使者を斬り捨て、その首を魏に送り届けた。

公孫氏の裏切りを見て、高句麗も魏に近づいた。やはり呉の使者を殺し、首を魏に届けた。

ところが、魏はしたたかだった。楽浪郡と帯方郡を押さえ、公孫氏を挟み撃ちにしてしまったのだ。

西暦二三八年、公孫氏は呉に救援を求めたが、あっさり振られ（虫がよすぎる）、公孫氏はあっけなく滅びる。魏は、こうして帯方郡に進出した。

倭国の邪馬台国の卑弥呼が魏の出先機関・帯方郡に使者を送ってきたのは、まさにこの翌年のことだった。

また高句麗は、魏の公孫氏討伐戦に荷担したため、公孫氏の滅亡によって、勢力を拡大する足がかりを掴《つか》んだのである。

もっとも、この直後、正始《せいし》三年（二四二）、魏は高句麗に遠征軍をさし向けている。高句麗は多大な犠牲を払いながら三年の間耐え抜き、雑草のように強く生き残っていったのである。

朝鮮半島南部の風俗

朝鮮半島北部に、騎馬民族国家・高句麗が一定の地位を固めつつあったころ、まだ朝鮮半島南部の韓族は、流動化する中国王朝の混乱に、右往左往している状態だった。韓族はおおよそ、三つの地域に分かれ、小さな集団を形成していたのだ。

『三国志』東夷伝に、このころの様子が記されている。

南西部の馬韓《ばかん》は人口は十余万戸（世帯）で、五十余国（のちの百済）が併立し、それぞれの地域で天神を祀る天君を立て、別邑《べつゆう》（蘇塗《そと》）で大木に鈴《すず》や鼓《つづみ》をかけ、鬼神を祀っていた。

東南部の辰韓《しんかん》（のちの新羅）は南部の洛東江流域の弁辰《べんしん》（弁韓、のちの伽耶）と雑居していた。人口は合わせて四～五万戸だ。

これら、朝鮮半島南部の小国家群は、西暦四〇年ごろから、楽浪郡に朝貢を始めていた。

また魏は、朝鮮半島南部の小国家の首長に「邑君《ゆうくん》」の印綬を授け、魏の外臣であることを示し、冊封《さくほう》体制を固めたのである。

魏はその後、蜀を滅ぼすも（二六三年）、王家は入れ替わり、晋《しん》王朝（西晋）が樹立され、しばらくして呉も滅亡した（二八〇年）。

しかし、晋内部で政争が激化し、八王の乱が勃発する。すると匈奴の劉淵《りゅうえん》が

「漢王」を自称し、晋から独立し（三〇四年）、五胡十六国《ごこじゅうろっこく》時代に突入する。

六世紀後半に隋が建国されるまで、中国は分裂したまま、混乱を引きずっていくことになるのである。

中国がこのような状況だから、高句麗は四世紀初頭に、晋から楽浪・帯方の二郡を奪い取り、このあと朝鮮半島南部では、新羅、百済が国の形を整えていった。

ちなみに、百済は韓族の国だが、支配層は扶余《ふよ》族（騎馬民族）だったようだ。

中国側の文献には、朝鮮半島にまつわる、いくつもの興味深い記事が残される。それを一通り拾ってみよう。

日本人が単一民族でなかったように、朝鮮半島の「韓族」も、時代を経て、多くの地域から血が混じっていたことが分かる。

『三国志』韓伝は、次の記事から始まる。


韓は帯方（郡）の南に在り、東西は海に以って限りと為し、南は倭と接す。方四千里なり。

東西は海で、南側は倭という記事は、引っかかる。朝鮮半島をめぐる記事の中に、倭が地続きだったととれる話が他にも散見できるからだ。ただし、この件はひとまず措《お》き、続きを追っていこう。

さて、韓は漢代には楽浪郡に従属し、季節ごとに朝謁《ちょうえつ》（あいさつをしに出向くこと）していた。

ところが（後漢の）桓霊の末（倭国大乱の時期）、韓や濊《わい》が勢いを増し、楽浪郡やその支配下の県の統制がとれなくなった。それで、その地域の人たちの多くが、韓諸国に流れ込んだ。

『三国志』は韓の人たちの風俗をやや見下している。「綱紀《こうき》（法律や規則）」がなく、国邑《こくゆう》（国の都）に主帥《しゆすい》（首長）がいるが、村落は雑居し、制御されていない。跪拝《きはい》の礼もない。

馬韓北部の楽浪郡や帯方郡に近い地域では、少しは礼儀をわきまえているようだが、両郡から遠く離れた地域では、囚徒（囚人）や奴婢《ぬひ》が集まったにすぎないような状態だ。辺境に対する蔑視なのか、これが事実なのかは、確かめようがない。

済州島《チェジユとう》にまつわる記事もある。

馬韓の西の海中の大きな島に州胡国《しゅうここく》があり、住民は背が低く、言葉は韓と同じではない。みな坊主頭で、鮮卑のようだ。なめし革を着て、牛と豚を飼い、服は上だけで下がなく、ほぼ裸のように見える。船に乗って往来し、韓中で貿易をしている。

これが、当時の済州島の様子だ。韓族とは別の風俗なのは、気にかかる。

朝鮮半島南部に流れ込んだ人たち

興味をそそられるのは、辰韓《しんかん》（のちの新羅）にまつわる次の記事だ。

「辰韓の老人たちは、代々次のように伝えてきた。昔の亡人（逃亡した民）は、中国の秦《しん》の役（労役、使役）に耐えかねて韓国に逃げ、馬韓《ばかん》はその東側の土地を割いて、与えたのだと」

その上で、辰韓の人たちの言語は馬韓とは異なり、話し言葉に秦人のものに似ているところがある、というのである。

日本で活躍した渡来系豪族の秦氏《はた》は、新羅系と目されているが、自身は「秦の始《し》皇帝《こうてい》の末裔」と唱えている。真偽のほどは判断しかねるが、「秦から韓に逃れ、その後日本列島に渡った」可能性なら、否定はできない。

弁辰《べんしん》（のちの伽耶《かや》）は辰韓によく似ている、という話もある。両者は雑居していて、城郭もあった。

衣服居処は、辰韓と同じで、言語も法俗も似ているが、鬼神を祀るやり方が異なっているという。弁辰の瀆盧国《とくろこく》は倭と隣り合っている、という記事も無視できない。

『隋書』にも、朝鮮半島の様子が記されている。やはり、百済伝の中で、「新羅、高句麗、倭の人たちが混じり合って住み、また中国人もいる」、と記されている。百済はコスモポリタンのイメージで語られている。

新羅もよく似ている。新羅は流亡の民が作り上げたのではないかと思えてくる。魏が高句麗を討ち破った時（二四四年）、沃沮《よくそ》（朝鮮半島東北部。咸鏡道《かんきょうどう》）に敗走させた。その後、故国に戻ったが、留まる者もいて、彼らが、新羅を建国したという。

もうひとつ、新羅に関して興味深い記事が『隋書』にある。

隋の開皇《かいこう》十四年（五九四）、新羅は隋に使者を派遣し、方物（土地の産物）を貢納してきた。（中略）もともと新羅は百済の属国だったが、百済が高句麗遠征した時（五五一）、高句麗の人たちが戎役《じゆうえき》（戦役）に耐えられなくなり、こぞって新羅に帰順したため、新羅は強盛になった。よって、百済や加羅国《からこく》（伽耶）を襲うようになったのだ。

なるほど、土地は肥えているとは言え、平地が少なく、中国と交流するには高句麗や百済の地域が邪魔になり、朝鮮半島の中でももっとも発達が遅れていた（だから馬韓の人たちは亡命民をここに送り込んだのだろう）新羅が、のちに朝鮮半島を統一してしまうのだが、そのきっかけは、高句麗からの亡命の民の存在が欠かせなかったわけだ。

古代朝鮮半島南部の歴史をひとくくりにして言ってしまえば、中国の漢民族の圧迫から逃れてきた人びとの吹きだまりという印象が強い。

『隋書』倭国伝には、朝鮮半島と倭国に関する次の記事がある。

新羅《しんら》・百済《ひゃくさい》は、皆《みな》倭《わ》を以《も》って大国にして、珍物多しと為《な》し、並《ならび》に之《これ》を敬仰して、恒《つね》に使を通じて往来す。

新羅と百済は、倭を大国で珍物が多い国とみなし、倭国を敬い仰いで、つねに使節を往き来させていた、というのである。

この記事を掲げて、夜郎自大になってはならぬが、これまで漠然と信じてきた朝鮮半島と古代日本との関係とはまったく異なる情報であることは、間違いない。

日本と百済が同盟に至ったきっかけ

思いのほか、倭国は強い立場に居られたようだ。

そこで、なぜ先進の文物をもらい受ける側の倭国が、敬仰されたのか、百済、新羅、伽耶と日本を巻き込んだ歴史を、順番に追っていこう。

高句麗は、四世紀中ごろまで、中国の五胡十六国《ごこじゅうろっこく》の王朝と対峙していたから、南下する気配はなかった。

しかし、四世紀後半になると、高句麗は南下をくり返し、これを百済が押し返すという戦闘が、くり広げられるようになる。

意外なことに、百済は独力で高句麗をはね返してしまった。そして、中国南朝の東晋に使者を送り（三七二年）、鎮東将軍楽浪太守《ちんとうしょうぐんらくろうたいしゅ》に冊立《さくりつ》されている。百済は虎の威を借ることに成功したが、皮肉なことに、高句麗と戦い続けなければならなくなった。しかも、東晋が軍勢を送り込むことはなかったため、かえって困窮した。そこで百済は、倭国の存在に注目したのだ。

神功皇后《じんぐうこうごう》摂政紀には、倭国と百済が同盟国になるきっかけが記されている。

摂政四十六年（三六六年か）春三月一日、斯摩宿禰《しまのすくね》（不明）を卓淳国《とくじゅんこく》（慶尚北道。新羅の手前）に派遣した。卓淳の王は斯摩宿禰に、百済の使者がやってきたこと、百済王が東方に日本という大国があることを知り、彼らを遣わしたが、道を尋ねてきたという。卓淳の王は、

「まだ通交したことがなく、大きな船がないと行くことはできない」

四世紀末の朝鮮半島

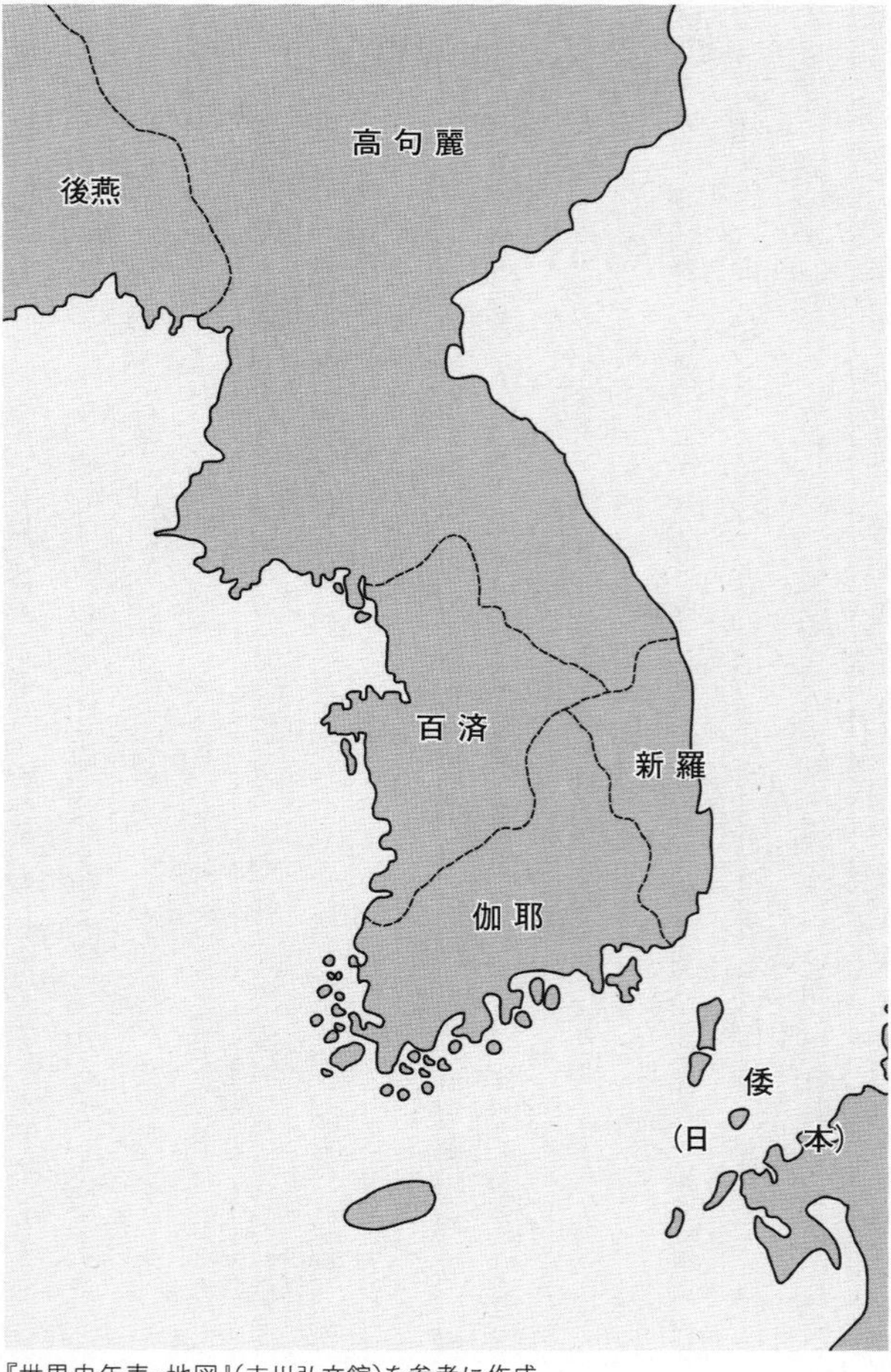

『世界史年表・地図』(吉川弘文館)を参考に作成

と使者に告げたという。すると使者たちは「船を用意してくる」こと、もし仮に日本からの使者がやってきたら、この様を伝えてほしいと言い残して、帰って行った。

斯摩宿禰は卓淳から百済に向けて使者を送り、王を慰労させると、百済の肖古《しょうこ》王《おう》は大いに喜び、五色の綵絹《しみのきぬ》（染みこませて色をつけた絹）、角の弓箭《ゆみや》（内側に牛角、外側に牛筋を貼り付けた弓）、鉄鋌《ぬりかね》を使者に与えたその上で、宝蔵を開き、珍物を示し、

「わが国にはたくさんの珍しい宝がございます。貴国に貢納しようと思います。けれども、道が分からず、志を叶えることはできませんでした。けれども、あなた方に託して、さらに貢物を献上致します」

使者は卓淳に戻り、斯摩宿禰は日本に戻ってきた……。

翌四十七年夏四月、百済王が使者を日本に派遣し、新羅国の調使もともにやってきた。貢物を調べてみると、新羅のものは立派で、百済のものは貧弱だった。問いただすと、百済の使者は、次のように答えた。すなわち、来る途中道に迷い、沙比《さひ》の新羅（伽耶と新羅の国境付近）に至った。すると捕縛され、殺されそうになった

が呪詛したために、殺されなかったが、新羅は貢物を奪って自国の物として、日本にやってきたのだという。

二年後、日本は新羅に兵を差し向け、百済の軍勢も卓淳に集結し、新羅を打ち破った。

こうして、日本と百済の同盟関係が成立したといい、百済王は「貴国（日本）の鴻恩（大きな恩恵）、天地よりも重し」と語り、五十二年には、七支刀《しちしとう》と七子鏡《ななこのかがみ》を送ってきたのだった。石上神宮《いそのかみ》（奈良県天理市）に保管されている七支刀である。

七支刀の表と裏に、六一文字の金象嵌《ぞうがん》が施されている。すべて判読することはできないが、おおよその内容は分かっている。

そこには、泰和《たいわ》四年（東晋の太和四年、西暦三六九年）五月十六日、百済王がこれまで見たこともないような百練の鉄の七支刀を造ったこと、これを倭王に「贈った」と解釈するのが妥当と思われる。

一九六〇年代中ごろから、七支刀は百済から下賜されたもの（すなわち、百済が倭王の上に立っていた）と解釈する説も現れたが、現在では、ほぼ否定されている。

遠征の見返りに百済からもたらされた文物

後に触れるように、広開土王碑文《こうかいどおうひぶん》には、日本の軍勢が朝鮮半島に盛んに進出していたこと、高句麗と対決していくことが明記されていた。当然のことながら、百済からは、多くの文物がもたらされ、知識人や技術者が渡って来た。援軍派遣の見返りであろう。

応神十四年（四〇三年か）二月には、百済王から衣縫工女《きぬぬいのおみな》（着物を作る女性の技術者）が、翌十五年には、百済王が阿直岐《あちき》（阿直岐史の祖）を遣わして、良馬二匹を貢納してきたので、軽《かる》の坂《さか》（奈良県橿原市大軽町）の上の厩《うまや》で、阿直岐に飼育させた。

そこで、その場所を「厩坂《うまやさか》」と言うようになった。阿直岐は経典に通じていたため、太子・菟道稚郎子《うじのわきいらつこ》が師事した。

天皇は阿直岐に「あなたより勝る博士（知識人）はいるのか」と尋ねると、王仁《わに》という人物の名を挙げた。そこで使者を百済に送り、王仁を所望した。

すると翌年、王仁が来日し、菟道稚郎子皇子が師事した。王仁は書首《ふみのおびと》らの祖だ。応神三十九年春二月には、百済の王の妹・新斉都媛《しせつひめ》を遣わし、仕えさせた。新斉都媛は七人の婦人を率いてやってきた……。

もちろん、『日本書紀』編者の「文飾」もあるかもしれないが、百済が日本を頼りにして、先進の文物を送り届けてきたという「図式」そのものは、信じてよい。高句麗に対する恐怖があったからこそ、百済はへりくだったのだろう。

ただ、これは不思議なのだが、百済との同盟関係を構築した日本だが、新羅とはなぜか、長い間敵対していたのだ。

すでに触れた『三国史記』(『新羅本紀』)に、何度も倭人が新羅の領域を襲ったと記される。

同様に、『日本書紀』にも新羅との対立の記事はいくつもある。その中で、仲哀《ちゅうあい》天皇九年十二月条(神功皇后摂政前紀)がもっとも激しいものだ。

神功皇后による新羅征討の一幕で、異伝(一に云はく)の中の話で、次のような内容である。

神功皇后が新羅を討つと、新羅王宇流助富利智干《しらぎのみこうるそほりちか》が迎えに出て、跪《ひざまず》き皇舟《みふね》にすがり謝罪し、「私は今から先、日本国にいらっしゃいます神の御子に内官家《うちつみやけ》（貢納する国）となり、絶えることなく朝貢いたします」と誓った。

さらなる別伝には、次のようにある。新羅王（宇流助富利智干）を虜にして海辺に連れていき、王の膝の筋を抜き、歩けないようにして、石の上に腹ばいにさせ、しばらくして斬り殺し、砂の中に埋めた。一人の新羅宰《しらぎのみこともち》（日本側の役人）を留めて帰られた。その後、新羅王の妻が夫の屍の埋めた場所がわからないため、新羅宰を誘惑して聞き出そうと考えた。そこで、新羅宰に頼み、

「あなたが王を埋めた場所を教えてくれれば、篤く報いましょう。また、あなたの妻になりましょう」

という。新羅宰はこの言葉を信じ、屍を埋めた場所を教えてしまった。王の妻は国人とともに謀り、新羅宰を殺し、王の屍を掘り返し、移葬した。そうしておいて、新羅宰の屍を王の墓の土の底に埋め、王の空の柩《ひつぎ》を挙げてその上に乗せ、「尊卑の秩序は、本来こうあるべきだ」といった。天皇（神功皇后）はこの成り行きを知り、怒り、軍勢を起こし、新羅を滅ぼそうと考えた。軍船は海に満ち、新羅の

人々は、恐れおののき、なすすべを知らず、王の妻を殺し、罪を謝った。

何とも残念な話である。

お互いの民族の記憶に刻まれた憎しみ

これとよく似た話が、『三国史記』巻四十五、昔于老伝《せきうろうでん》に残されている。

沾解王《てんかいおう》七年（二五三）、倭国の使者・葛那古《かつなこ》が来朝して滞在していた。昔于老は接待役を任せられていたが、戯れ事に「近いうちにあなたの王を塩づくりの奴隷にし、王妃を炊事婦にしよう」と言った。倭王はこれを聞き怒り、将軍・于道朱君《うどうしゅくん》を遣わして攻めてきた。于老は倭軍のもとを訪ね「あれは冗談だった」と弁明したが、倭人は答えず、捕まえて火あぶりにして焼き殺して去っていった。のちに倭国の大臣がやってきたとき、于老の妻は国王に願い出て、倭国の使節団を自宅に招いて酒宴を設けた。酒に酔ったところで、焼き殺した。倭人は怒り、攻めかけてきたが、勝てずに帰って行った。

どうみても、二つの物語は、そっくりだ。倭が新羅と対立し、攻め続けていたことは事実だろう。

もうひとつ、『三国遺事』の倭にまつわる話を紹介しておこう。

新羅は王の第三子の美海《びかい》を倭に人質に（三九〇年）、第二子の宝海《ほうかい》を高句麗に人質に（四一九年）出した。ただ、ふたりの人質は四二五年に無事に新羅に戻ってくる。金堤上《きんていじょう》の巧みな策略だった。金堤上は新羅からの亡命者と偽り、倭王に接近して油断させた。朝露に紛れて舟を出し、美海を逃し、その上で正体を告白した。金堤上は捕らえられ、火あぶりにされた。

『日本書紀』にも、これとよく似た話が載っている。神功皇后摂政五年春三月の条だ。新羅からやってきた人質微叱許智《みしこち》は、美海のことだ。

新羅王が使者を遣わし朝貢してきた。このとき新羅王は、人質として日本に送り付けていた微叱許智を取り戻そうと考えていた。そこで、微叱許智に頼み、欺かせた。微叱許智は、「使者が私に告げて言うには、『わが王は、長い間私が帰ってこないために、妻子を没収して官奴《つかさやつこ》にしてしまった』と言います。願わくは、新羅に戻り、確かめて、ご報告申し上げたく思います」と申し出た。そこで皇太后（神功皇后）は許し、葛城襲津《かつらぎのそつ》彦《びこ》を副《そ》えて遣わしたのだった。

神功皇后がここから朝鮮半島に向かったという和珥津（対馬市）

一行はともに対馬にいたった。すると新羅の使者は、密かに船と水手《かこ》を分けて、微叱許智を新羅に逃し、茅で人形を造り、微叱許智のいた場所に置き、病と偽り、葛城襲津彦に「微

叱許智は、重篤です」と告げた。葛城襲津彦は人を遣わしてお見舞いをしたら、欺かれたことが判明した。そこで新羅の使者三人を捕らえ、檻に押し込め、火を放って殺した。その足で新羅に至り、蹈鞴津《たたらのつ》（釜山の南側）に泊まり、草羅城《さわらのさし》（慶尚南道梁山）を落とし、帰ってきた。この時の俘人《とりこ》らは、今の桑原《くわばら》、佐糜《さび》、高宮《たかみや》、忍海《おしぬみ》の四つの邑《むら》（奈良県御所市と周辺）の漢人らの始祖であったという。

『三国史記』にも、時代は別々だが、これと同じ話が複数載っている。登場人物の名が異なるが、当て字が異なるだけで、モデルは同一と考えられる。

「ヒーローが火あぶりになって殺される」という共通項でつながるこれらの説話は、「ひとつの史実」から派生しているとしか思えない。

日本と新羅の交渉の中で、お互いの民族の記憶に残る悲劇が起きていたのだろう。

朝鮮半島の奥深くまで日本は遠征していた

なぜ新羅と倭国は、よく争ったのだろう。

大きな理由のひとつは、高句麗の存在だったのかもしれない。そこで、広開土王碑文に注目してみよう。

ちなみに、広開土王碑文は、明治十七年（一八八四）に陸軍の参謀本部員が清国に派遣されていた時、文字を写し取ってきたこと、その際、軍部によって「石灰塗布作戦」が行われ、碑文に手を加えられ、捏造したのではないかと疑われてきた。広開土王碑文に、「意外に強かった倭国」が描かれていたからだ。しかし、次第に容疑は晴れていき、今では捏造はなかったと考えられるようになった。それはともかく……。

広開土王は西暦三九一年に即位し、百済と戦い南下政策を推し進め、領土拡大に努めた。そして、子の長寿王が、先王の功績を顕彰するために、四一四年に建てた。北朝鮮ではなく、中国の吉林省《きつりんしょう》に位置する。

広開土王碑文のおおまかな内容は次の通り（年号は西暦）。

百済と新羅はもと高句麗の属民で、高句麗に朝貢していた。ところが、三九一年倭が海を渡ってきて、百済と［任那《みまな》あるいは加羅］、そして新羅を破り、臣民にしてしまった。そこで三九六年、広開土王はみずから軍を率い、百済軍を討ち滅ぼし、数々の城を攻め落とすと、百済は高句麗に従うことを誓った。残主（百済王を蔑み卑しんで呼んだ名）は生口（奴隷）一〇〇〇人、細布一〇〇〇匹を差しだし、「以後、長く奴客となります」と、屈辱的な誓約を行った。五十八の城と七〇〇の邑を手放してしまった。けれども三九九年に百済は倭と通じ（百残は誓いに違い、倭と和通す）、新羅にも倭人が満ちあふれ、城池を潰破すると訴えてきたので、四〇〇年、広開土王は歩騎五万を遣わし、新羅を救援し、満ちていた倭賊を打ち破り、これを追い、任那加羅にいたり、城を落としていった。ところが、四〇四年、倭は帯方郡まで押し寄せてきた。広開土王は迎え撃ち、多くの兵を殺し、倭を破った。

さて、注目されるのは、三九六年の高句麗・百済戦には、倭国が参戦していないことで、この時期（百済の王は辰斯王《しんしおう》と阿莘王《あしんおう》）、百済と倭国は、冷め切った関係にあったようだ。

『日本書紀』応神三年是歳条《このとしのじょう》に、百済で辰斯王が即位したが「貴国（日本）の天皇に失礼をした」とある。

そこで紀角宿禰《きのつののすくね》ら使者を遣わし、叱責させた。すると百済は、辰斯王を殺して謝罪した。また、紀角宿禰は阿花王《あかおう》を立てて帰国した。

ちなみに、なぜ「失礼」なのか、その詳しい内容は記されていない。また、『三国史記』（『百済本紀』）には、辰斯王の不審な死が記録されている。歴史には残らなかった何かしらの悲劇の匂いがする。

「広開土王碑文」拓本

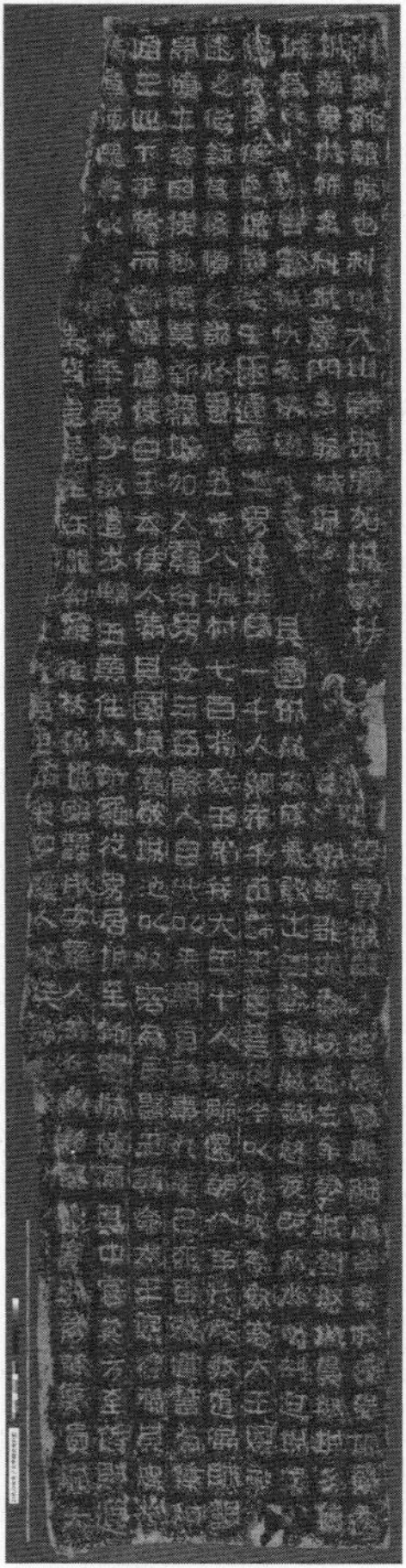

（お茶の水女子大学蔵）

百済と手を組み新羅と敵対していた日本

もうひとつ、応神八年条に、「『百済記』に云はく」とあり、次のように続く。

「阿花王が立って、貴国（日本）に礼を失した（失礼し）。そのため日本に領土の一部を奪われ、王子を日本に送った」

『三国史記』にも、三九七年に「倭国と友好関係を結び、太子を人質にした」とあり、一連の事件は、日本側の一方的な主張ではなさそうだ。広開土王碑文の、「三九九年に百済と倭が通じ、新羅に攻め寄せた」

という記事も、ぴったりと合う。

二つの記事の「失礼し」の中身は記録されていない。しかし、百済が単独で高句麗と戦っていたという状況は、『日本書紀』の「はじめは日本と百済は仲が悪かった」という記述とうまく符合してくるのである。

ところで、広開土王碑を建てた長寿王は、もうひとつ朝鮮半島中央部に「中原《ちゆうげん》高句麗碑《こうくりひ》」も建てている。

その中で新羅との関係について、「兄の如く弟の如く、上下相和し」と表現している。

ここに、四世紀末から五世紀にかけての朝鮮半島で展開された図式がみえてくる。

高句麗の南下政策に真っ向から立ち向かったのは百済だったが、一国だけでは限界があるとみて、日本を巻き込もうと考えたのだろう。

おそらく、中華思想そのままに、倭国は百済の風下という意識が、最初百済にあったのだろう。

だから、百済の二代の王はやや上から目線で、「高句麗との戦い」を要請（あるいは「強要」「命令」に近かったのかもしれない）したのではなかったか。

騎馬民族（高句麗）が海を渡って攻めてくるはずもないと見切った倭国にすれば、高飛車な百済の要求に「失礼なもの言い」と、反発してみせたのではなかったか。

高句麗との戦いが長引き、背に腹を代えられぬ状況に追い込まれていった百済は、「下手に出るほかはない」と観念し、倭国に恭順する姿勢をみせたにちがいないのである。

一方新羅は、高句麗と倭国双方の攻撃には耐えられぬと考え、高句麗には従順に、倭国に対しては、臨機応変に対応した様子が見て取れる。

もちろん、倭国には敵愾心《てきがいしん》を抱いていたのだろうが、それでも、隣国の百済は倭国とつながり、その連合体制とまともに衝突すれば、滅亡するという危機感があったにちがいない。だから新羅は苦悩の末、「生き残るための現実的な手段」を選択したのだと思う。

いずれにせよ、四世紀末から五世紀にかけて、中国王朝の混乱によって楽浪郡と帯方郡が高句麗の手に落ち、しかも高句麗が南下政策をとったことから、百済と新羅は必死にもがきはじめたことが分かる。

そして日本は、背後からキャスティングボートを握り、実際に兵を派遣することで、先進の文物を手に入れていたわけである。

第三章　倭の五王と伽耶滅亡の真相

宋に官爵を求めた倭の五王

三世紀後半から四世紀にかけて、ヤマトは建国された。

前方後円墳の様式が完成し、この新たな埋葬文化、宗教観が、各地で受け入れられ、ゆるやかな連合体を形成していったのだ。

そして四世紀は、ヤマトの安定化、発展へのステップとなった。

その一方で、「魏志倭人伝」の邪馬台国記事からあと、ヤマトの様子は中国の史料にほとんど現れなくなってしまう。その点、四世紀は空白の世紀なのだ。

そして五世紀、倭王たちが国際舞台に登場する。

『宋書《そうじょ》』倭国伝《わこくでん》に、讃《さん》・珍《ちん》・済《せい》・興《こう》・武《ぶ》の記事が載る。彼らがいわゆる倭の五王で、それぞれが仁徳《にんとく》（あるいは履中《りちゅう》か応神《おうじん》）、反正《はんぜい》（あるいは仁徳）、允恭《いんぎょう》、安康《あんこう》、雄略《ゆうりゃく》に比定されている。

西暦四二一年から四七八年まで、九回にわたって使者が南朝の宋に赴き、倭の王たちは、官爵を受け、冊封《さくほう》体制に参加している。

ちなみに、百済も五世紀の南朝に朝貢していたが、西暦四七二年には、北朝の北《ほく》魏《ぎ》にも使者を送り、高句麗が辺境を侵してくると訴え出て、出兵を請うている。高句麗とつながっていた北魏は応じなかったため、百済はこれを恨み、朝貢を絶ったという一幕があった。

その三年後、高句麗の長寿王は百済の漢城《かんじょう》を落とし、百済は危機的状況に陥った。さらに余談ながら、この百済の漢城が落ちて三年後、倭の武王は、宋に対し、高句麗の無道ぶりを訴えている。それはともかく……。

『宋書』倭国伝には、高祖《こうそ》（宋の武帝）の永初《えいしょ》二年（四二一）、詔《みことのり》して、次のように述べている。

「倭の讃は万里の遠い場所から貢物をもってやってくる。これは高く評価すべきで、官職を授ける」

讃が獲得したのは、安東将軍倭国王《あんとうしょうぐんわこくおう》であった。

こうして、倭王と宋の冊封体制が始まる。そして、倭の王は次から次と、官職を求めてやってきたのだ。

讃の弟の珍は遣使し貢献して、四爵号を重ね、使持節、都督倭・百済・新羅・任那・秦韓《しんかん》（辰韓）・慕韓《ぼかん》（馬韓）・六国諸軍事、安東大将軍、倭国王を自称し、正式に認めるよう要請したが、結局兄と同じ安東将軍倭国王に叙せられた。

ちなみにこの時、すでに高句麗王には、六つの爵号が与えられていた。

また百済王が「節・都督諸軍事・将軍・国王」の四爵号を獲得していたことは、倭王の焦りを生んだのかもしれなかった。

ちなみに、珍の求めた使持節とは、皇帝から「旗印（節）」を授かったことを意味し、都督諸軍事号とは、地域の軍事権のことだ。民政権は含まれていない。

要は、戦略的優位を保つために、軍事にまつわるお墨付きをもらいに宋に称号を求めに行くわけであり、すでに述べたように、百済が楽浪郡の軍事権を認められたがために、高句麗と戦う宿命を負ったという話を想い出せば、よく理解できると思う。

また、「秦韓（辰韓）」や「慕韓（馬韓）」はすでに新羅や百済に移っていたのだから、これらの称号は虚構に過ぎないとする説もある。

しかし、新羅や百済が周辺の小国家群すべてを統合していたわけではないという指摘もある。

少なくとも、六世紀前半ごろまで、古い時代の枠組みは、まだ残っていて、それらの地域に倭国の影響力が強く残っていた可能性が高い。

その証拠に、「古い馬韓の南部（朝鮮半島の南西部）」の地域は「大型甕棺墓《おおがたかめかんぼ》」など百済と異なる独自な文化を守り続ける一方で、五世紀後半から六世紀にかけて、前方後円墳を造営していたことは、無視できない。日本との強い絆を感じるのである。

ところで珍は、自分の称号だけではなく、「配下の一三人」に平西《へいせい》、征虜《せいりょ》、冠軍《かんぐん》、輔国《ほこく》などの将軍号を授けてほしいと求めた。詔があって、並びに許された。

珍は外交的な戦略だけではなく、国内の地盤固めのためにも、宋から豪族たちに将軍号を引き出そうと努めたわけである。

倭の五王のしたたかな外交戦

そして、歴代倭王と宋の駆け引きが、なかなか面白い。

珍は自称通りの称号を獲得できなかったが、済王の時代に、宋は珍王自称の「使持節、都督倭・百済・新羅・任那・秦韓（辰韓）・慕韓（馬韓）・六国諸軍事、安東大将軍、倭国王」から「百済」を抜き、その代わり「加羅」を足して、「使持節、都督倭・新羅・任那・加羅・秦韓（辰韓）・慕韓（馬韓）・六国諸軍事・安東（大）将軍、倭国王」に任命したのである。

なぜ「百済」を削って「加羅」を足したのかといえば、これは宋側の都合で、すでに百済は冊封体制に組み込んでいたから、倭国に百済の軍事上の支配権（形式上とはいえ）を認めるわけにはいかなかったのだ。

けれども、倭国の面子を保つためにも、数だけは合わせ、「加羅」を加えたのだろう。

その点、倭の五王最後の武王は宋が加えた「加羅」に加えて、もう一度「百済」を足して、称号を請求したのだから、抜け目ない仕事ぶりであった。

武王は、順帝《じゅんてい》の昇明《しょうめい》二年（四七八）、使いを遣わし、次のように上表している。

わが国は僻遠にして中国の藩屏《はんぺい》になっております。昔から祖禰《そでい》（祖先）は自ら甲冑を着込み山川を遍歴し、落ちつく暇もありませんでした。東は毛人の五十五カ国、西は衆夷を制すること六十六国（ちなみに、この、東西百二十一の国、という数字は、『先代旧事本紀』の『国造本紀』に示された国の数にほぼ合致する）、北の海を渡って九十五国。こうして皇帝の徳は広く行きわたり、国土の安定を得るようになったのです。代々朝貢することを怠りませんでした。臣（倭王武本人）は愚かですが、ありがたくも先祖の遺業を継承し、私の統治下にある人びとを率い、天極《てんきょく》（中国の王室）を崇めて従おうと思い、百済を経由して、船も整いました。それにもかかわらず、高句麗は無道で百済を呑みこもうとしています。国境の人たちをかすめ取り、殺しています。中国への道は閉ざされ、良風は失われています。船の往来も、時と場合によっては、通れません。

このあと武王は、亡父・済が兵を挙げ大挙して高句麗と戦おうとしていたこと、思いもよらず済と兄の興を亡くしてしまい、決戦を断念せざるを得なかったこと、今は喪中で身動きがとれず、おとなしくしていたが、喪も明けたので、軍備を整え、兵士を訓練して父と兄の遺志を継承しようと考えていること、もし中国の皇帝の徳をもって後押ししてもらえるならば、強敵高句麗を打ち倒しましょう、と述べている。

その上で、使持節、都督倭・百済・新羅・任那・加羅・秦韓・慕韓七国諸軍事・安東大将軍・開府儀同三司《かいふぎどうさんし》・倭国王を自称し、最終的に使持節都督倭新羅任那加羅秦韓慕韓六国諸軍事安東大将軍倭王の官爵を獲得している。

ちなみに、武王が自称した「開府儀同三司」は、高句麗に授与された官職であった。

これは、倭王・珍の時代に「百済」を要求したが、のちに百済を削られ「加羅」を足された例を知っていて、無理を承知で付け足して、その代わりに別の称号を獲得しようという魂胆だったのだろう。

このように、五世紀の倭の五王は、百済とのつながりを強め、南朝の宋のお墨付きをもらうことによって、朝鮮半島南部に対する影響力を、確固たるものにしていったわけである。

一方、高句麗に漢城を奪われた百済は、蓋鹵王《がいろおう》の子の文周《ぶんしゅう》の時代に南方に拠点を移し、西暦四七五年に熊津城《ゆうしんじょう》（忠清南道公州）で再起を図り、次第に力を蓄えていったのだった。

なぜ『日本書紀』は雄略天皇の悪口を書くのか

倭王武は、『日本書紀』に登場する第二十一代雄略天皇と思われるが、この人物も強烈な個性の持ち主だった。

第二十一代雄略天皇は第十九代允恭天皇の第五皇子だが、皇位後継者候補ではなかった。

それにもかかわらず即位できたのは、兄で第二十代安康天皇の死後、並み居るライバルを打ち倒し、クーデターを起こしたからだ。兄弟をも斬り捨ててしまっている。

ちなみに、『宋書』に残された武王の「済と兄の興を亡くしてしまい」という発言は、『日本書紀』の記事と符合している。

雄略天皇のクーデターには、先帝・安康の時代からの因縁がからんでいる。

允恭天皇の崩御後、暴虐な皇太子・木梨軽皇子《きなしかるのみこ》は婦女に暴行し、人びとはこれを非難していた。諸豪族の心は離れ、みな穴穂皇子《あなほのみこ》（のちの安康天皇）に期待した。

木梨軽皇子は、穴穂皇子が邪魔になり、密かに兵を挙げたが、穴穂皇子も応戦。木梨軽皇子は、完璧に人心の離れたことを知り、物部大前宿禰《もののべのおおまえのすくね》の館に逃れたが、ついに穴穂皇子に囲まれ、自害して果てた。

こうして穴穂皇子は即位し、安康天皇となる。

ところが、悲劇が起きる。

安康天皇は中蒂姫命《なかしひめのみこと》を皇后に迎え入れたが、この女人には前夫との間に子・眉輪王《まよわのおう》がいた。父親は、讒言《ざんげん》によって、安康天皇に殺されていた。安康天皇は、この子を宮中で育てることにした。

しかし、眉輪王は逆恨みし、安康天皇を暗殺してしまったのだ。

雄略天皇は、安康天皇暗殺事件の混乱に便乗して皇位を奪ったのだ。有力な皇位後継候補を、次々に殺戮《さつりく》していく。

雄略天皇の評判はすこぶる悪かった。『日本書紀』には、雄略天皇は人の意見を聞かず誤って何人もの罪なき人を殺したとある。「はなはだ悪い天皇だ」と人びとが謗《そし》っていたというのだ。多くの豪族の心も離れていたと認めている。

これは不思議なことだ。なぜ『日本書紀』は、天皇の悪口を記録したのだろう。

この天皇の時代に、改革事業が推し進められ、制度の充実、国力の充実があったというのが、今日的解釈だ。このギャップを、どう埋めればよいのだろう。

雄略天皇飛躍の条件のひとつは、渡来人の存在だったと思われる。『日本書紀』雄略二年十月是月条には、「雄略天皇が寵愛したのは史部《ふみひと》の身狭村主青《むさのすぐりあお》、檜隈民使博徳《ひのくまのたみのつかいはかとこ》らのみ」とある。

そうはいっても、国内的には評判の悪い天皇が、渡来系の人びと数人を寵愛しただけで、改革事業を推し進められたとは思えず、これには何か裏があるとしか思えないが、それでも、朝鮮半島の動乱によって多くの亡命民、知識人、技術者、工人がやってきたことは事実だろうし、彼らを王家が独占的に掌握していたであろうことは、想像に難くない。

さらに筆者は、雄略天皇が東国と結びついたことによって、改革に拍車がかかったのではないかと推理したことがあるが、さらにもうひとつ、雄略天皇を考える上で重要な要素は、新羅ではないかと勘ぐっている。

新羅に攻め込んだ高句麗

まず、雄略天皇は『宋書』に登場する武王とみて間違いないが、武王を最後に、日本と中国の交渉は、しばらく途切れる。

六世紀に統一王朝隋が誕生するまで、日本からの遣使はなくなる。ここに、大きな謎がある。

雄略天皇は日本が大きく変貌していく時代を生き抜いたが、東アジア情勢も、激変した。その変化に合わせたのか、あるいは雄略天皇が仕掛けたのか、ヤマト朝廷の外交方針も、大きく揺れ動いた気配がある。

『日本書紀』雄略八年（四六四）春二月条に、身狭村主青と檜隈民使博徳を呉国（中国の江南王朝＝宋）に遣わしたとある。先述した「雄略天皇が信頼していた渡来系豪族ふたり」だ。

そのあとに、新羅と高句麗にまつわる次の記事が載る。

雄略天皇が即位して以来この年に至るまで、新羅国は背き、偽り、貢物を納めなかった。しかも中国《みかど》（日本をさしている）の心を恐れて、高句麗とよしみを通じた。だから高句麗は精鋭百人を遣わし、新羅を守らせた。しばらくあって、高句麗の兵ひとりが休暇で故郷に戻った。時に、新羅人を馬典《うまかい》（馬飼。馬の世話係）にして、密かに語った。

「おまえの国がわが国のために破られることは、そう遠くあるまい」

ある本には、「おまえの国はわが国の土（領土）になることは、そんなに遠い未来ではないだろう」と語ったとある。

馬典はそれを聞いて、偽って腹痛を装い、兵士に遅れた。そのまま本国に逃げて、兵士の言葉を告げた。新羅王は、高句麗が野心を持って兵を送り込んでいたことを知り、使いを遣わし国中に告げた。

「家で飼っている鶏の雄鶏を殺せ（高句麗人は鳥の羽を頭に挿しているから、暗号じみた命令ということになる）」

人びとは命令の真意を悟り、国中の高句麗人をことごとく殺した。ただひとりだけ高句麗に逃れることができた。彼はつぶさに状況を報告した。高句麗王は兵を起こし、新羅の筑足流城《つくそくるのさし》（卓淳《とくじゅん》、現慶尚北道）を囲み、歌舞を行い、音を奏でた。新羅王は夜、高句麗軍が四方で歌舞するのを聞いて、賊が新羅の地に満ちたことを知った。そこで任那王（伽耶諸国のどこかの王）に使者を派遣した。

「高句麗王がわが国を討ち、高句麗の意のままになっております。国の状態は、卵を積み重ねるよりも危ない状態です。生命の長短を測ることもできません。伏して日本府（任那日本府）の行軍元帥らに救援をお頼みします」

これにより、任那王は膳臣斑鳩《かしわでのおみいかるが》らを新羅に向かわせた。膳臣らは、少し手前に駐留すると、高句麗の諸将は、まだ戦いもしない内から、怖じ気づいた。膳臣らはつとめて兵士らをねぎらい、すぐに攻撃できる準備をさせた。こうして高句麗と対峙すること十日あまり。奇襲によって挟み撃ちにし、高句麗軍を撃破した。二国間（高句麗と新羅）の恨みは、ここから生まれた。

膳臣らは新羅に対し、

「おまえは極めて弱いにもかかわらず、強国に向かって行った。官軍が救わなければ、他国の領土になっていただろう。今後、天朝（日本）に背いてはいけない」

と語った。

いくつもの地域がそれぞれの思惑を秘めてもがき、複雑な関係がここに生まれたのである。

ヤマト朝廷は分裂していた?

ただし、これで事件が終わったわけではなかった。

翌九年三月、雄略天皇は自ら新羅を征討しようと考えた。ところが神が戒《いまし》めたため、あきらめた。

その代わり、紀小弓宿禰《きのおゆみのすくね》、蘇我韓子宿禰《そがのからこのすくね》、大伴談連《おおとものかたりのむらじ》、小鹿火宿禰《おかひのすくね》（角臣《つののおみ》の祖。武内宿禰《たけのうちのすくね》の末裔）らに、次のように命じた。

新羅が自分の代になって高句麗をはね返し、百済の城を併合したにもかかわらず、挨拶もなく貢納を怠るようになった。だから、あなたたちを大将に任命し、新羅を攻め、天罰を与えてくるようにというのだ。

紀小弓宿禰らは新羅に赴き、新羅を大いに破り、卓淳とその一帯を獲得した。

ただし、このあと、新羅の残党と戦い、大伴談連は戦死した。新羅の残党も自然に退却し、官軍も引いた。けれどもこのあと紀小弓宿禰は、病死する。

夏五月、紀大磐宿禰《きのおいわのすくね》は父が任地で亡くなったことを知り、新羅に赴き、小鹿火宿禰の率いていた軍団を掌握し、権勢をほしいままにした。

小鹿火宿禰は大いに恨み、韓子宿禰に、「あなたの軍団も乗っ取られますぞ」と忠告した。こうして韓子宿禰と大磐宿禰は不仲になった。

この噂を聞きつけた百済王は、韓子宿禰に使いを遣わし、「国境をお見せしようと思います」と誘った。韓子宿禰と大磐宿禰はともに出かけた。川にいたり、大磐宿禰は馬に水を与えた。

韓子宿禰は大磐宿禰を殺そうとしたが、逆に射殺されてしまった。

このあと小鹿火宿禰は、朝鮮半島から戻ってくるが、「紀大磐宿禰たちとともに朝廷に仕えるのは耐えられません」といい、角国（旧周防国都濃郡。現在の下松市・周南市）に留まることを許してもらった。そこで角臣の名が生まれた。

この仲違い、この時代の日本側の「深い溝」を暗示していないだろうか。

雄略天皇はクーデターによって玉座を奪取し、独裁的な権力を発揮したように

『日本書紀』には記される。

ヤマト建国ののち、王や大王は、祭司王として、取り巻きの豪族たちの合議を追認する役割しか担えなかったと思われる。

それが、四世紀末から五世紀にかけて、朝鮮半島に何度も遠征軍を派遣し、倭国の名が東アジアに轟《とどろ》き、また、南朝の宋が、称号を与え、王の権威も高まっただろう。

そんな中、雄略天皇即位という事件は起きていたのだ。

とすれば、当然反発する者も出て来ただろうし、もうひとつ大切なことは、朝鮮半島情勢が流動化していたことだった。

この影響を受けて、外交戦略も単純に百済を支持していればよいというわけにはいかなくなったのではあるまいか。

五世紀に一度百済は滅亡していた

問題は、新羅の動きと、百済の滅亡だ。

今述べたように、新羅は百済との関係を修復し、本来頼りにしていたはずの高句麗に対し、戦いを挑んでいたと『日本書紀』は記録したが、これは、『三国史記』にも描かれていたことなのだ。

新羅第十九代の王・訥祇麻立干《とぎまりつかん》の十七年（四三三）、百済が（新羅に）使者を寄こし、講和を求めてきたので、許した。翌年、百済は良馬二匹を送ってきた。また、白鷹も送ってきた。新羅は返礼に、黄金などを送った。すると同三十四年（四五〇）、高句麗の辺境の首長が狩猟をしているところを、新羅側が不意打ちを食らわし、殺してしまった。高句麗は怒り、出兵すると、新羅は謝罪して事なきを得た。同三十八年（四五四）高句麗は新羅の北部国境地帯を侵犯している。同三十九年（四五五）、高句麗が百済を攻めると、新羅は百済に兵を差し向け救援した……

『日本書紀』との違いは、新羅が任那日本府を頼ったのではなく、百済と手を組んでいたことだ。こちらの話の方が整合性が高いのだが、いずれにせよ、やはり、かつての新羅とは、どこか違うのだ。「自立することに目覚めた」可能性が高い。そして百済は、その変化を見逃さなかった。

これには伏線があって、西暦四三八年に高句麗の北側の強大な勢力北燕《ほくえん》が滅亡していて、高句麗はフリーハンドとなっていたのだ。百済にとってはこれが脅威であったし、防衛に腐心して疲労困憊状態だった。だから、まず百済から、新羅への誘いかけがあって、これに新羅が乗った、という形になったのだろう。

ただし、百済の思惑は、高句麗のパワーによって、粉砕されている。

西暦四七五年九月、高句麗の長寿王《ちょうじゅおう》（広開土王碑文を造った、あの王だ）が三万の兵を率いて、百済の都・漢城を包囲し、百済王は逃亡するも、捕まり、屈辱的な仕打ちを受け、殺されている。

百済の男女八〇〇〇人が捕虜となり、高句麗に連行された。ここに、一度百済は滅びたのである。

『日本書紀』雄略二十年冬条に、高句麗の王が大軍をさし向け、百済を滅ぼしたと記す。

そして、百済の残党たちは、ひもじい思いをしながらも、生き残ろうとしてい

た。これを高句麗の諸将が気味悪がり、百済が復活しないように皆殺しにしてしまいましょうと王に進言したが、王は、

「百済国は日本国の官家として古い歴史を備えている。また、百済王が日本に行って天皇に仕えていることも、みな知っている」

と述べ、追撃しなかった。

翌年、高句麗の攻撃で百済が滅んだことを知った天皇は、熊川《くまなれ》（慶尚南道）の土地を授け、百済を救ったという。

ちなみに、『三国史記』には、百済は新羅に救援を求めたとあり、倭国を頼ったとは、書いていない。

さらに、一連の新羅と百済の講和実現、高句麗と新羅、百済とのいさかいの間も、たびたび倭人が新羅に侵略行為をくり返していたことを記録している。このあたりの事情は、雄略紀と、符合する。

では、この展開、どう考えればよいのだろう。

また、雄略天皇がさし向けた将軍たちの不仲も気になる。ヤマト側の足並みの乱れは、無視できない。

なぜ日本は新羅を攻め続けたのか

どうにもよく分からないのは、日本の動きだ。

百済と同盟関係を結び、新羅と敵対していたという五世紀前半までの図式は分かりやすい。五世紀後半になると、百済は新羅と手を結んだのだから、日本も新羅を攻撃してはならなかったはずだ。

百済が必死に高句麗の南下をくい止めるために、背に腹はかえられないと新羅に頭を下げたのなら、同盟国の日本も、新羅と手を組むのが普通だ。

ところが、新羅は「それでも日本は攻めてきた」と訴え、『三国史記』に記録された。また『日本書紀』も、雄略天皇の時代に新羅を攻め続けたと記録している。

この、日本の行動が、理解できない。

ひとつここで注目しておきたいのは、雄略天皇が「天下を支配している」と考えていた気配のあることだ。

さきたま古墳群（埼玉県行田市）の稲荷山古墳出土鉄剣銘には、「辛亥年《しんがいねん》」「獲加《わか》多支鹵《たける》」と記されていることから、雄略天皇の時代の遺物と目されているが、そこに、「左治天下」の四文字が刻まれていた。

問題は「天下」で、やはり雄略天皇の時代の江田船山古墳《えたふなやま》（熊本県玉名郡）の鉄剣銘にも「台（治）天下」の文字が見える。

中国では、「天下」といえば、この世、世界、そして中国全土、すなわち皇帝の支配地域を指していたが、雄略天皇も、中国皇帝の天下とは別の天下を意識していたようだ。

森公章は『戦争の日本史1　東アジアの動乱と倭国』（吉川弘文館）の中で、次のように述べている。

倭王武は中国王朝を中心とする「天下」から離脱して、独自の「天下」の支配を構想していたと考えられ、これが以後中国南朝との通交が途絶する理由であったと理解される（四七九年には当の宋王朝が滅亡し、以後急進的な禅譲《ぜんじょう》革命・下剋上《げこくじょう》によって寒人《かんじん》からのし上ってくる南朝の皇帝の冊封を受けることに違和感を抱いたことも、通交が断絶する一因であろう）。

また、百済（前期）が四七五年に滅亡して混乱状態に陥っていたこと、倭国は百済を服属下に置いて、独自の秩序を構築しようと考えていたとする。

『日本書紀』雄略二十三年夏四月条には、このあとの事情が語られている。百済の王が亡くなったので、雄略天皇は百済の王族の中から幼年ながら聡明な人物を選び、勅して内裏に召して、頭を撫でて兵器を下賜し、筑紫国の兵五〇〇人を副《そ》えて、本国に護送したとある。これが東城王《とうせいおう》だ。

またこの年、百済の貢物は、例年よりも多くなり、筑紫の安致臣《あちのおみ》（ニギハヤヒの末裔）、馬飼臣《うまかいのおみ》らの軍勢は、船団を組んで高句麗を討った……。

『三国史記』には、東城王が来日した記録がなく、雄略天皇が「頭を撫でた」「百済の王家の人事権を握っていた」という話が、どこまで本当なのか、はっきりとしない。

ただ、百済が一度滅亡したことによって、冷めきっていた倭国と百済の関係が、ふたたび回復したのではないかと思えてくる。

そして、森公章の述べる通り、「天下」の意識を抱いた雄略天皇が、新たな外交戦略を展開しようと考えた可能性は高い。

百済と新羅と日本に横たわる溝が埋まらなかった理由

とは言っても、なぜ日本がこの時点に至っても新羅を攻め続ける必要があったのか、その明確な答えが出たわけではない。

しかもこののち、雄略天皇の「天下」は、安定した形で受け継がれていったわけではない。

雄略天皇の子の清寧《せいねい》天皇の代に、王統は一度途切れ、第十七代履中《りちゆう》天皇の孫が即位し（第二十三代顕宗《けんぞう》天皇、第二十四代仁賢《にんけん》天皇で、父親を雄略天皇に殺されている）、さらに第二十五代武烈《ぶれつ》天皇の時、ふたたび王統は途切れ、第十五代応神天皇の五世の孫が越《こし》（北陸）から連れて来られるという「王家の混迷」が始まっている。

不安定な政権の要因を探っていけば、ひとつの理由に、流動化する東アジア情勢と、これに翻弄され続けた倭国という現実が見えてくるはずなのである。

そしてここにいたり、もうひとつのキーワードを掲げなければならない。それが、伽耶《かや》（加羅、任那《みまな》）である。

百済や新羅と倭国に横たわる溝がなかなか埋まらず、新羅に対して攻撃的になっているのは、「伽耶をめぐる利権」がからんでいたからではないかと思えてならないのである。

朝鮮半島最南端の伽耶は、西暦五三二年から五六二年にかけて、百済や新羅の侵食を受け、併呑されていく。

この時、ヤマト朝廷は深く伽耶に関わり、外交策はことごとく裏目に出ていく。

ヤマト建国以前から、朝鮮半島最南端と日本列島の間には、濃密な交流があった。六世紀の欽明《きんめい》天皇は、伽耶滅亡を深く恨み、その復活を強く望んで亡くなっていった。

ちなみに、伽耶と加羅（駕洛）は同じで、ka・la↓ka・yaという朝鮮語の音韻変化だ。

ならば「任那」は何かというと、「任（nim）」は朝鮮古語の「王」、「那（na）」は土地や国家を意味し、伽耶諸国の盟主国を指していたようだ。

また、「カラ」は日本側が朝鮮半島南部の伽耶諸国を呼ぶ時に使われたが、次第に朝鮮半島を北上し、百済、新羅、高句麗まで「カラ」の範疇《はんちゅう》に入れてしまった。

さらに、「唐」も「カラ」になってしまった。「カラ」は日本にとって異国のことであり、朝鮮半島最南端が、もっとも身近な外国であり、また、文物の交流の場であった。

朝鮮半島最南端に倭人は存在した？

「魏志韓伝《ぎしかんでん》」によれば、弁韓は一二国から成り立っていたというが、現在確認されているのは、その内の七つの地域だ。

慶尚南道の金海《きんかい》（金官《きんかん》伽耶・任那伽耶・駕洛・南加羅・意富《おお》加羅）、昌寧《しょうねい》（非火《ひか》伽耶）、咸安《かんあん》（阿那《あな》伽耶・安羅《あら》伽耶）、固城《こじょう》（小伽耶）、慶尚北道の高霊《こうれい》（加羅・大伽耶）、星州《せいしゅう》（星山《せいざん》伽耶・碧珍《へきちん》伽耶）、咸昌《かんしょう》（古寧《こねい》伽耶）で、この中で建国神話を伝えているのは伽耶北部の大伽耶と南部の金官伽耶で、二つの国は、洛東江《らくとうこう》の上流と下流部に位置し、長い間伽耶の中心勢力として活躍した。

金官伽耶は意富加羅とも呼ばれ、「大」と称えられた国は、大伽耶と金官伽耶の

弁韓の諸国

『新版韓国 朝鮮を知る事典』(平凡社)を参考に作成

二つの地域だった。

『三国遺事』には、「五伽耶、六伽耶」と二つのグループが存在したことが記録されるが、それらを束ねていたのが、この南北の「大」の国だったと思われる。

ただし、四世紀以降、南部を代表する国は、安羅伽耶に移っていたのではないかとする説も登場している。広開土王碑文に、北部の大伽耶とともに、「安羅」が登場したからだ。

伽耶は古代有数の鉄の産地で、各地から人が集まっていた。たとえば『魏書』東夷伝には、次のような記事が載る。

国は鉄を出す。韓、濊《わい》、倭、皆従て之を取る。諸市買うに皆鉄を用う。又、以て二郡に供給す。

また、『後漢書』東夷伝にも、よく似た記述がある。

国は鉄を出す。濊、倭、馬韓、並び従て之を市す。凡そ諸貿易、皆鉄を以て貨と為す。

この記事に登場する「倭」は、朝鮮半島南部の倭人なのか、あるいは倭国から渡っていった人たちなのか、よく分からない。

また、朝鮮半島で鉄を獲得したとしても、大量の鉄を日本に持って帰ることなどできなかったのではないか、という疑念も生じる。

しかし、縄文時代から続く彼我の交流を考えれば、倭人が朝鮮半島南部と頻繁に往き来していたことは間違いないし、その一部が定住していたとしても、おかしくない。

朝鮮半島南部に倭人が存在していたことは、多くの文書に記録されている。『後漢書』は、馬韓（のちの百済）の位置を、次のように記録する。「その北は楽浪と、南は倭に接し、辰韓は東にあり」という。『三国志』にも、「南は倭と接す」とある。

弁韓（のちの伽耶）も、『後漢書』には、「その南また倭と接す」とあり、『三国志』は「倭と界《さかい》を接す」といっている。

『新羅本紀』は西暦一九三年のこととして、「倭人が飢えて、千余人が新羅にやってきて食料を求めてきた」とある。これらの倭人を、どう考えればよいのだろう。

重要なのは伽耶の鉄

森浩一は、『隋書』東夷伝の百済の条に、「百済には新羅人、高句麗人、倭人をまじえ、中国人もいる」という記事を紹介し、次のように述べる。

ある地域での住民構成を同一民族だけであろうとする推定は、時としてそうあるべきだとする漠然とした理想とオーバーラップして、歴史理解をくもらせることがある（前掲書）。

まさにその通りだ。森浩一は話をオブラートにくるんでいるが、朝鮮半島に倭人がいて活躍していたのではないかという主張は、なかなか市民権を得られないでいる。この状況について考えれば、それは「文化も文明も、すべて中国や朝鮮半島からもたらされた」という、戦後の奇妙な常識が、推理の邪魔をしているのではなかろうか。

これは、天皇家が万世一系であるわけがない、という戦後史学界の「イデオロギー」先行型の発想とよく似ているのである。

また金廷鶴《キムチヨンハク》は『日本の歴史　別巻1　任那と日本』（小学館）の中で、伽耶の鉄とヤマト建国について、次のように述べる。

農耕がもっともはやくすすんだ北九州地方の政治集団が、その農業生産力を基盤とし、弁韓――加羅地域との交易によって輸入した鉄を武器とすることによって、本州への征服をすすめ、ついに大和政権をたてて、はじめて大きな勢力を発揮し、歴史の舞台にあらわれるようになったのである。

考古学の進展によって、「征服戦によるヤマト建国」なる発想は、もはや時代遅れになってしまった。

けれども、伽耶の鉄に多くの人たちが群がっていたこと、鉄の保有量が、諸勢力の盛衰に直結しつつあったこと、奪い合いに発展していたことは、事実であろう。

だからこそ、伽耶は古代日本にとって重要だったのであり、海の民である倭人は、鉄を求めて渡海していたのだろう。

そしてスサノヲも、そんな鉄を求めた男のひとりではなかったか。これから語る来日した新羅王子・アメノヒボコ（天日槍、天之日矛）の話も、スサノヲの姿を念頭においていると理解しやすいはずだ。

筆者には、アメノヒボコがスサノヲの姿と重なって見えて仕方ないのである。

そこで、伽耶と日本の本当の関係を探るために、アメノヒボコと鉄の話をしておかなくてはならない。

新羅からやってきたアメノヒボコ

伽耶は六世紀に百済や新羅に呑みこまれ滅亡したため、『日本書紀』『古事記』の中で本来伽耶出身であった者も八世紀の地理感覚から、「新羅や百済からやってきた」と解釈された。

その代表例が、アメノヒボコではなかろうか。新羅とあるが、実際には伽耶出身である。

『古事記』の応神天皇の段に、「昔新羅の国王の子のアメノヒボコが帰化してきた」といい、次の伝承が残されている。

新羅のアグヌマ（沼）で賤しい女性のホト（陰部）に太陽の光が突き刺さり、赤い玉を生んだ。玉はアメノヒボコの手に渡った。玉から乙女が生まれたので、妻にした。

乙女は御馳走を作ってアメノヒボコを喜ばせたが、アメノヒボコが増長したので、乙女は「親の国に帰る」といって日本に逃げて、難波の比売許曽《ひめこそ》神社で祀られた。アメノヒボコは乙女を追って、多遅摩国（但馬）にたどり着いたという。

『日本書紀』にも、次の記事が載る。

第十一代垂仁《すいにん》天皇の時代というから、実在の初代王で十代の崇神天皇のヤマト建国の直後のことであろう。

『日本書紀』垂仁三年春三月条に、新羅の王子アメノヒボコが来日したとある。持ってきたものを但馬国《たじまのくに》（現在の兵庫県北部）に納め、神宝にしたという。「一に云はく」と、異伝があって、次のように話は続く。

アメノヒボコははじめ小舟に乗って播磨国《はりまのくに》（兵庫県西部）に停泊していた。垂仁天皇は使者を遣わし素性を訪ねると、新羅王子であること、日本に聖皇《ひじりのきみ》（崇神天皇）がいらっしゃると知り、自国を弟に譲り、こうしてやってきたと語った。

その後アメノヒボコは住処を求めてさすらい、最後に但馬国に至った。

なぜ『古事記』と『日本書紀』では、「来日した理由」に差があるのだろう。

興味深いのは、『日本書紀』に載る意富加羅国（金官伽耶）の王子・ツヌガアラシト（都怒我阿羅斯等）の話だ。アメノヒボコが登場する直前の記事で、垂仁二年にあたる。

額に角の生えた人が、船に乗って越国の笥飯浦《けひのうら》（福井県敦賀市気比神宮付近）にやってきた。素姓を問うと、日本に聖皇（崇神天皇）がいらっしゃると聞きつけてやってきたという。

ところが崇神天皇はすでに亡くなっていたので、垂仁天皇に仕えた。三年後、「自国に帰りたいか」と聞くと、「ぜひとも」というので、本国に帰した……。

敦賀駅前に立つツヌガアラシト（福井県）

また、別伝によれば、ツヌガアラシトは不思議な縁で巡り逢った童女を追って日本にやってきたという。童女は難波にいたり、比売許曽神社の祭神になったという。

なぜ新羅系なのに神の名が与えられたのか

このツヌガアラシトの二つの説話、アメノヒボコとそっくりなのはなぜだろう。通説は、アメノヒボコとツヌガアラシトを同一人物とみなす。けれども、ツヌガアラシトは意富加羅出身で、アメノヒボコは新羅の王子だ。

これはつまり、もともとは伽耶の出身であったものが、八世紀の地理観によって、新羅からやってきたと語られてしまったということだろう。

すでに触れたアメノヒボコにまつわる『日本書紀』垂仁三年の記事に、アメノヒボコは一時近江の吾名邑《あなのむら》に住んでいたとあり、同じく近江の安羅《やすら》神社（滋賀県草津市）の「やすら」はもともとは「アラ」と読んだのだろう。「アナ」や「アラ」は無視できない。

アメノヒボコが行きついた但馬（豊岡市）には、賀陽《かや》という地名が残っていた。渡来人が「アナ」『アラ」の地名に関わることがたびたび見られるのは、彼らが「安羅伽耶」「阿那伽耶」からやってきたからと考えると、謎は消える。

同様に東漢氏や西漢氏も、安羅伽耶出身であろう。

『日本書紀』応神二十年秋九月条に、倭漢《やまとのあや》（東漢）直の祖・阿知使主《あちのおみ》が、子供の都加使主《つかのおみ》並びに自身の十七県の党類を率いて来朝した、と記される。大勢で渡来してきたことが分かるが、『姓氏録逸文』には、次のようにある。

応神天皇の時代、阿知使主（阿知王）は、本国の乱を避けて、家族や七姓の漢人を連れてきた。本国の人びとは、離散して高句麗や百済、新羅に散らばって生きているとある。伽耶の地域に住んでいたから散らばって伽耶以外の地域に暮らしたと言っている。

応神三十七年には、阿知使主と都加使主を呉（中国江南の地）に遣わし、縫工女（着物を縫う女性の技術者）を求めさせた。

連れてきた女性の中に、「穴織《あなはとり》」がいて、これを応神四十一年春二月条では、「蚊屋衣縫《かやのきぬぬい》」と呼んでいる。「穴織」の「アナ」は、「カヤ」であり、「安羅」である。

やはりアメノヒボコ（ツヌガアラシト）は伽耶出身なのだ。

ただ、消えない謎は、朝鮮半島からやってきたツヌガアラシトに対し、「天」「日」「矛」「槍」といった尊い名を与えたことだ。

『日本書紀』は「百済を贔屓にした歴史書」であり、「新羅系」と位置づけた人物に、神々しい名を与えたこと自体が、不可解なのである。ツヌガアラシトをふたりの人格に分けた上で、もう一方を神格化する必要が、どこにあったのだろう。

もっとも、この謎については、他の拙著の中で述べているので（『海峡を往還する神々』PHP文庫、『アメノヒボコ、謎の真相』河出書房新社）、ここでは簡単に私見を紹介するに留めよう。

スサノヲは新羅からやってきたのか？

『古事記』に従えば、アメノヒボコは神功《じんぐう》皇后の先祖で、神功皇后の子が第十五代応神天皇だから、王家に新羅系（正確には伽耶系だろう）の血が入っていたことになる。

けれども、アメノヒボコは単純な渡来人、帰化人ではなさそうだ。

アメノヒボコの正体を探る上で大きなヒントを握っていたのは、出雲の基礎（日本の基礎でもある）を築いたスサノヲだ。

『日本書紀』の神話の一書によれば、スサノヲは一度新羅に降り立ち、「ここに居たくない」と言って、日本に渡ってきたという。

『古事記』のアメノヒボコは、「私はここにいたくない。親の国に帰る」と言って逃げた女性を追って、日本にやってきた。「ここに居たくない」「親元に帰る」という設定、無視できない。

スサノヲが新羅からやってきたという記事があるために、「天皇家のみならず、スサノヲも朝鮮半島からやってきたのだろう」と、推理されもした。

しかし、『日本書紀』の中でスサノヲは、

「朝鮮半島には金属の宝があるが、日本には浮宝《うくたから》がなければいけない」

といい、日本列島に木を植えたとあり、「日本の将来」を心配している。

この神話の設定も、些細《ささい》なことだが軽視できない。ちなみに、「浮宝」は船や建

新羅と丹波の位置関係

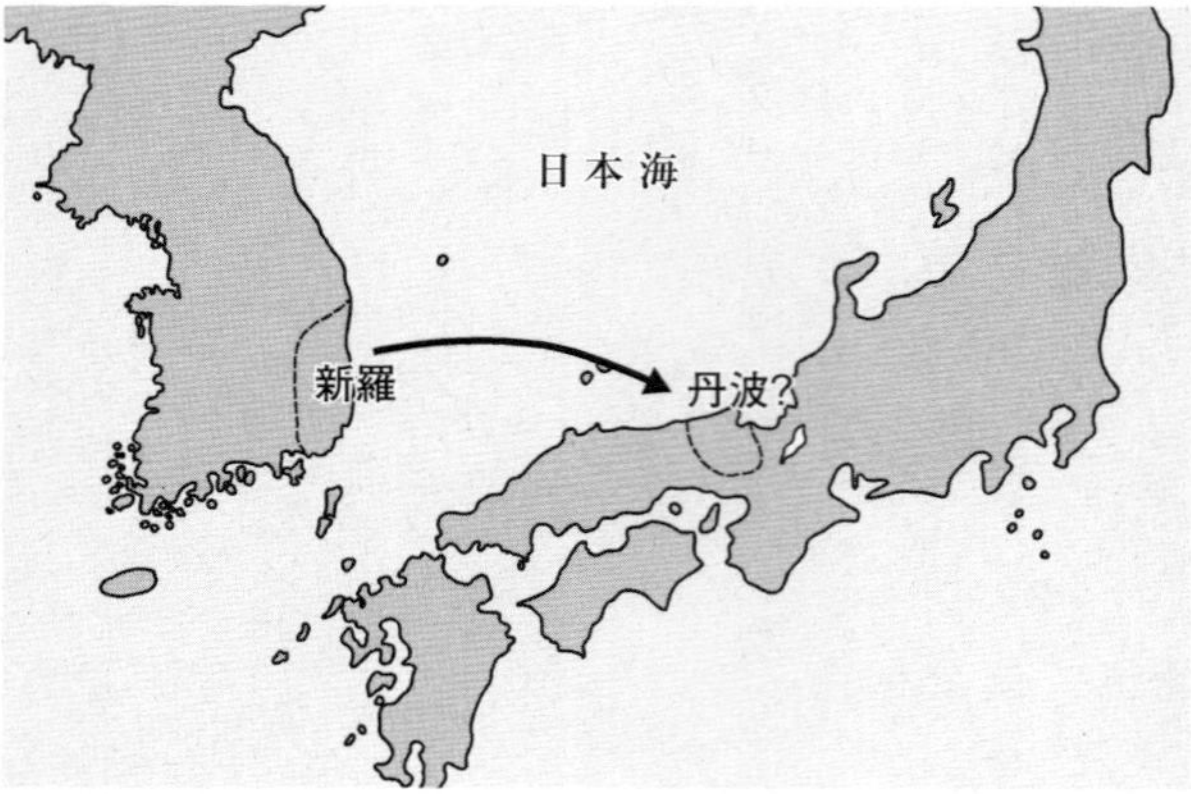

築材に用いる材木である、森林資源を指している。

『日本書紀』が編纂された八世紀の段階で、中国や朝鮮半島から林や森が消えてしまっていたことは、よく知られていたのだろう。青銅器や鉄器の冶金《やきん》のために、燃料にして使い果たしてしまったのだ。

そこでスサノヲは、「日本の強みは湿潤な天候によって育ち守られてきた豊かな森だ。森を失えば国は滅びる」と、独自の文明論を展開していたわけであり、ここに、スサノヲの（神話の世界とはいえ）アイデンティティのありかを知ることができる。

スサノヲの思考の中心にあるのは「日本の発展」であり、案じているのは「日本の行く末」であって、それはけっして「征服者の発想」ではない。

スサノヲは、朝鮮半島の景色をつぶさに見てきて、「森を失ってはいけない」と痛感して「戻ってきた人」ではなかったか。また、アメノヒボコは「親の国に帰る」という妻を追ってきている。これも、実際には、アメノヒボコと日本の「強い縁」を物語っていたのではあるまいか。

朝鮮半島南部で鉄がとれることで、多くの倭人が鉄に群がっていたが、アメノヒボコもスサノヲも、その中のひとりではなかったか。

新羅の脱解王が秘密を握っていた？

ここで、伝説の男にご登場願いたい。

それが、一世紀の新羅の第四代の王・昔脱解《せきだつかい》だ。もちろん、新羅国は四世紀に成立しているから、「一世紀の新羅王」は、神話の域を出ない。

ただ、朝鮮半島南部に多くの人が群がり、鉄を奪い合っていた時代、鉄資源を手に入れ成功を収めた、地域を代表する伝説のひとりの首長とみなせばよいのである。

その証拠に、「昔脱解は、鍛冶が得意だった」と伝えられている。

『新羅本紀』には、次の話が残される。

倭国の東北千里の「多婆那国《たばなこく》」の王が、女人国（不明）から妻をもらい受け、産まれ落ちたのが、卵だった。不吉と思い、捨てるよう命じると、妻は絹でくるみ、宝物と一緒に箱に詰めて海に流した。西暦一九年、箱は辰韓（のちの新羅）の浜辺に流れ着き、老母に拾われた。蓋を開けると赤児が入っていた。これが昔脱解で、育てられ、優秀だったこと、評判は南解王《なんかいおう》の耳に入り、王女を脱解に嫁がせ、役人に抜擢《ばつてき》した。南解王は「血統ではなく長者や賢者をもって王位を継承するように」と遺訓を残したため、その後王に立てられた……

そもそもの問題は、「倭国の東北千里の多婆那国」がどこなのか、である。

戦前、戦中の日韓同祖論者は、「多婆那国はタンバ（丹波）ではないか」と考えた。

その一方で、戦後の史学界は、日韓同祖論者の推理を、ことごとく否定した。だから、昔脱解の故郷探しは、うやむやになってしまった。

しかし、当時の倭国を北部九州一帯から瀬戸内海西部（銅矛文化圏）と考えれば、「九州からみて東北の方角の日本海側の（卵を捨てて朝鮮半島にたどり着いたのだから、当然そうなる）タバナ」が、「タンバ」であっても、なんら不思議ではない。

他に候補がないのだから（かろうじて但馬か？）、蓋然性は高い。

少なくとも、ヤマト建国の直前、丹後半島に朝鮮半島から鉄が流入し、丹波の一帯は出雲と勢力圏を分け合うほどに成長している。

さらに彼らは、手に入れた鉄を近江や東海に流していた。このため近江と東海はにわかに勃興し、前方後方墳（前方後円墳ではない）を発明し、前方後円墳よりも速く、日本各地に新たな埋葬文化を伝えるほどに成長している。

筆者はこれを「タニハ（丹波）連合」と呼んでいるが、この新たな勢力圏が、ヤマトに移動したことで、西側の勢力があわててヤマトに押し寄せ、手を組み、ヤマトが建国されたと睨んでいる。

この間、主導権争いが勃発し、一度は出雲を支配下に置いたタニハ連合の一部がヤマトの他勢力に押し込まれ、南部九州に逃れたと考える。

つまり、出雲＝天皇家という推理は、実際には天皇家＝零落した日本海のタニハ連合の貴種ではないかと考えている（拙著『アメノヒボコ、謎の真相』河出書房新社）。

それはともかく、弥生時代後期、タバナ（丹波だろう）から鉄を求めてひとりの男が朝鮮半島に向かい、鉄と交易によって一財産を築き、本人か、あるいは子や孫の誰かが、故郷に錦を飾った可能性は、十分に考えられるのである。

昔脱解の配下に「倭人の瓠公《ここう》」がいて、重用されていたという話もある。

そうなると余計、『三国史記』などに盛んに登場する、新羅と陸続きの倭国や朝鮮半島にいた倭人の存在も無視できなくなる。

こうした「開拓精神旺盛な人びと」の拠点が、朝鮮半島最南端のどこかに存在したのだろう。

アメノヒボコはスサノヲか？

アメノヒボコは渡来人だと『日本書紀』は言う。

しかし一方で、「天」「日」「槍（矛）」は、すべて神の名だ。天から地上界を照らす太陽神であり、「槍」を振りかざす冶金、金属の神でもある。渡来人にもかかわらず、この神々しさはどうした理由だろう。裏側に、秘密が隠されていたとしか考えられない。

脱解王がタバナ出身だとすると、その末裔がアメノヒボコなのではあるまいか。そして、アメノヒボコの正体を解き明かす最大のヒントは、スサノヲではなかろうか。両者はいくつもの共通点を持っている。

まず、アメノヒボコが「鍛冶を得意としていた＝鉄の男」だったのに対し、スサノヲも鉄とはつながっている。

ヤマタノオロチ退治は、鉄の利権をめぐる争いを神話化したのではないかと疑われ、スサノヲの最初の宮「スガ（須賀宮）」や「スサ」は、鉄（砂鉄）と関わりが深い。

「ス」や「サ」は、砂鉄を現す朝鮮語から派生したと考えられている。

「菅（スガ）」は水辺に生える多年草だが、湿地帯でとれる砂鉄を暗示している。スサノヲが「須賀宮」を「すがすがし」といったのは、鉄のとれる場所を礼讃したのだろう。

スサノヲは一度新羅に舞い下り、その後日本列島に渡ってくるが、これは、アメノヒボコとよく似ている。

『古事記』に記されるアメノヒボコの末裔の名の中に「スク」「スガ」「スカ」「カマ」などがあり、これらも「鉄」とつながる。

アメノヒボコの「矛」「槍」は、金属そのものだ。

アメノヒボコははじめ瀬戸内海周辺で暴れ回ったようで（『播磨国風土記』など）、天皇が下賜した土地には飽き足らず、「自分で土地を探す」といって、歩き回り、日本海側の但馬に居座った。

これに対しスサノヲは、天上界で暴れ回り、追放されている。降り立った地は、やはり日本海側の出雲だった。

アメノヒボコの拠点となった兵庫県豊岡市の入佐山《いるさやま》三号墳（四世紀後半から末）の木棺に葬られた遺骸の頭部のまわりには、大量の砂鉄と鉄鎌、鉄斧が副葬されていた。

また、アメノヒボコと同一人物と目されるツヌガアラシトは額に角を生やしていたが、これは「鉄人《てつじん》＝蚩尤《しゆう》」ではないかと疑われている。アメノヒボコとスサノヲは、鉄の男だ。

昔脱解ははじめタバナ（多婆那）で生まれたが、「不気味な卵」だったから捨てられ新羅に流れ着いた。

アメノヒボコやツヌガアラシトの妻も、卵や玉から生まれている。アメノヒボコは妻に捨てられ、日本にやってきた。スサノヲも天上界から追放されている。

また、すでに述べたように、スサノヲは蛭児《ひるこ》に似ていたが、蛭児は三歳になっても足が立たずに捨てられた。

アメノヒボコとスサノヲと蛭児に共通するのは、太陽神的属性を備えているということだ。

くり返すが、『古事記』に従えば、アメノヒボコの末裔が神功皇后で、生まれ落ちた子が第十五代応神天皇だ。

かたやスサノヲは、出雲神の祖となり、巡り巡って神武天皇の時代に王家に血を注ぎ込んだということになっているが、一方で、出雲系の神々（根国系《ねのくにけい》）と天皇家の祖神（天神系《あまつかみけい》）は、鏡に映した裏と表であった。

とすれば、スサノヲは王家の祖神であり、そのスサノヲにいくつかの共通点で結ばれたアメノヒボコも、王家にとって大切な人だったのではあるまいか。

そして、八世紀に編纂された『日本書紀』が、極端な「親百済系の歴史書」だったがために、王家の祖が新羅や伽耶と強くつながっていた事実を抹殺しようと神話を創作し、太陽神と称えられた新羅からやってきた偉大な王＝スサノヲ（アメノヒボコ）の存在を、矮小化《わいしょう》し、王家とのつながりを極力消し去ろうとしたのではなかったか。

日本にとって大切だったのは伽耶の中の安羅？

なぜスサノヲやアメノヒボコ、脱解王ら、神話や説話の世界の人びとに注目したかというと、渡来系にまつわる日本の地名に「アナ」「アラ」が多いこと、スサノヲの子、あるいは末裔が「オオアナムチ」であったこと、アメノヒボコも「アナ」の地にしばらく滞在したこと、「アヤ」の名を負った豪族が大活躍していたからである。

では、なにが分かったかというと、古代の日本が、朝鮮半島最南端の伽耶諸国と深い縁で結ばれていたこと、その伽耶諸国の中でも「アナ、アラ（阿羅）、アヤ（阿耶）」がもっとも大切な国だったと思われることである。

話はだいぶ下るが、『日本書紀』欽明二十三年（五六二）春正月条に「新羅、任那の官家《みやけ》を打ち滅しつ」とある。衰弱し、百済と新羅に侵食されていた伽耶諸国は、ここで滅亡したのだ。

高句麗の南下政策が、百済と新羅に圧力を加え、二つの勢力が伽耶の土地をかすめ取っていった結果、伽耶は滅亡した。

けれども、ヤマト朝廷は調停役として、伽耶を守るチャンスは何度もあった。しかし、伽耶の中でも安羅を重視するあまり、外交戦略を見誤ったとしか思えない。

欽明天皇は伽耶の滅亡からややあって、夏六月、詔《みことのり》して激しく新羅を罵倒《ばとう》している。

「新羅は西羌《せいきょう》の小醜《しょうしゅう》（西にある醜い国）だ。天に逆らって無道だ。わが恩義に逆らい、わが官家を破った。わが民を害し、わが郡県を侵した。わが気長足姫尊《おきながたらしひめのみこと》（新羅征討を敢行した女傑・神功皇后）は霊妙、聡明にして、天下を巡り、人びとをいたわり、養われた。新羅が窮地に立ち助けを請うてきたのを哀れみ、首を切られかけていた新羅の王を救い、要害の地を授け、新羅に繁栄をもたらされた。

神功皇后が、どうして新羅を軽んじることがあったろうか。われらの百姓《おおみたから》（ヤマトの民）がなぜ新羅を恨むことがあろう。それなのに、新羅は武器をひっさげ、任那を攻め、含霊《がんれい》（人びと）に残虐をつくした。体をばらばらに切り裂いても満足しなかった。骨をさらし、屍を焼いても、ひどいことをしたとは思わなかった。任那の人びとを刀とまな板を使い殺し膾《なます》にした……」

まだまだ話は続く。最後は、「仇を報いねばならない」と、復讐を誓うのである。

それにしても、これほど詳しく任那の惨状を記録し、敵国を罵倒した記事も珍しい。

むしろ、現実にあった話なのか、疑わしくなるし、このあと触れるように、新羅が伽耶諸国を併呑できた最大の理由は、ヤマト朝廷の外交政策の失敗と、新羅が「恭順してきた国に寛容だった」からなのだ。

へりくだってきた伽耶の王族たちを優遇し、高い地位を与え、新羅のために働かせている。

それを知った周囲の伽耶諸国は、「ここまで追い詰められたら、むしろわれわれも新羅に組みこまれたい」と、願い出たほどだった。

この点、新羅は、「醜い」と罵倒されるような悪ではない。むしろ彼らのやり方は、正しい。

しかし、欽明天皇の怒りはおさまらなかった。

欽明三十二年（五七一）夏四月、天皇は病の床に伏せり、外出中の皇太子（このあと即位する敏達天皇）をわざわざ呼び寄せ、手を取り、次のように詔した。

「私の病は重い。のちのことは、おまえに託した。おまえは新羅を討って、任那を建てなさい。改めて夫婦のような仲となって、かつてのようにならなければ、死んでも死にきれない」

そして、この月に、欽明天皇は崩御した。任那再建は、執念だったのだ。それだけ、ヤマト朝廷と任那＝安羅は、強く結ばれていたのだろう。

五世紀末から伽耶滅亡までのヤマト朝廷の外交戦は、ことごとくしくじった。その原因を辿っていくと、「安羅」が大きなウェイトを占めていたことがはっきりとしてくるのである。

任那日本府も、「安羅」に置かれていたようだ。雄略天皇の八年には、「日本府」が登場し、欽明二年（五四一）四月条には、「任那日本府」とあり、同年秋七月条には「安羅日本府」とある。

任那日本府など存在しなかったという議論が続いているが、任那日本府がヤマト朝廷による朝鮮半島南部支配の証拠というのではなく、ヤマト朝廷の出先機関と考えれば、何の不都合もない。

四世紀の後半から六世紀まで、ヤマト朝廷は百済と手を組み、高句麗と対峙していたが、その目的は先進の文物の獲得と、もうひとつは伽耶地域の権益を守ることであり、その中心が、安羅だったのではあるまいか。

伽耶の領土をめぐる思惑の差

ヤマト朝廷と朝鮮半島の外交史を考える上で、もうひとつ重要な要因は、「統一された国策をとることができなかった」ことだ。その様子を、これから詳細に追っていかなければならない。

伽耶滅亡を招いたのは、ヤマト政権の確固たる信念がなく、「何も決められないまま皆が思い思いの絵を描き、ずるずると」と表現するのが最適だと思う。やることなすことすべてが裏目に出て、自滅していったのだ。

ヤマト朝廷の外交政策が迷走をはじめるのは、いつごろからなのだろう。

まず、西暦四七五年に百済が一度滅亡するが、この時ヤマト朝廷は、積極的に百済を支援していたわけではなかった。百済はむしろ、新羅を頼っていた。

ただし、百済で東城王が即位する段階（四七九）で、ヤマト朝廷は百済を助け、高句麗や新羅と対峙するようになっていく。

そしてここから先、百済で「物部《もののべ》」「科野《しなの》」「巨勢《こせ》」「紀《き》」ら、倭人の名を持つ役人が、活躍するようになっていくのだ。

とは言っても、複雑な要因がからみ、百済は手放しで喜んだわけではなさそうだ。

百済の本音は、南進政策だった。すなわち、高句麗が北側から強く圧迫してくるため、ヤマト朝廷と歴史的に強く結びついた朝鮮半島最南端の伽耶の領土を欲していたのだ。

ここに、百済、伽耶、新羅、高句麗、倭国を交えた複雑怪奇な外交戦が幕を開けたのである。

そんな中、『日本書紀』顕宗三年（四八七）是歳条に、次の事件が記録されている。

> 紀生磐宿禰《きのおいわのすくね》は任那を通り越し、高句麗と通交した。三韓（百済、新羅、伽耶）の王になろうと、宮府《きゅうふ》（宮の中の役所）を整え、「神聖」と名乗った。任那の左魯《さろ》・那奇他甲背《なかだこうはい》（「左魯」は官名）らの計略を用いて、百済を排除し、城を造ったため、百済は派兵し、紀生磐宿禰は撤退した。百済国は那奇他甲背ら三百余人を殺した。

紀生磐宿禰は雄略九年条に登場していた紀小弓宿禰《きのおゆみのすくね》の子・紀大磐宿禰《きのおいわのすくね》と同一人物で、すでに述べたように、父の死を受けて渡海し、小鹿火宿禰《おかひのすくね》に恨まれ、蘇我韓《そがのから》子宿禰《このすくね》と仲違いし、殺してしまった。

結局、この時の遠征は失敗に終わっただけではなく、百済にも恥をさらした。その問題児が、帯山城《しとろむらのさし》を築き、自滅したのである。

それにしても、紀生磐宿禰は、なぜ仇敵の高句麗と手を組み、本来同盟関係にあった百済を排除しようと考えたのだろう。

まず、その前に指摘しておかなければならないことは、この当時の統治システムの危うさのことである。

ヤマト朝廷の意思は、統一されていたわけではなく、朝鮮半島に影響力を持つ大豪族たちが、それぞれの思惑を秘め、勝手に外交戦を展開していた可能性が高い、ということである。

父は新羅征討に汗を流し、子は高句麗と手を組み、百済を敵に回す……。それにしても、彼らはいったい、何を目指していたのだろう。

この時代、百済は一度滅亡し、復興段階にあった。そんな中で、北部伽耶を巡り、百済とヤマト朝廷の利害が衝突した可能性がある。

すなわち、百済は高句麗の脅威に対処するために新羅と手を組んでいたが、この間ヤマト朝廷との関係は疎遠になり、伽耶をめぐって新たな主導権争いが勃発していた可能性も考えられる。

任那四県割譲事件

ひとつ、奇妙な符合がある。

五世紀後半に革新的な（よい意味で革新的な）雄略天皇が登場し、ヤマト朝廷は改革事業を推し進めたが、揺り戻しがあり、王統は入れ替わった。

そして混乱は続き、五世紀末から六世紀初頭、第二十五代武烈天皇の時、ヤマトの王統は断絶してしまった。

そこで、越から第十五代応神天皇の五世の孫を連れてくる。これが継体天皇で、ここからヤマト政権は、五世紀末の混乱を収拾し、紆余曲折を経て、安定と発展の時代に向かっていったのだ。

かたや百済では、西暦五〇一年に武寧《ぶねい》王が即位し、ようやく安定した時代が到来する。武寧王は軍略家で、即位の直後から高句麗を攻め続け、十余年をかけて、高句麗軍に大打撃を与えた。

そしてこのあたりから、ふたたび百済とヤマト朝廷は、親密な連携を取っていくのである。

継体三年（五〇九）春二月、百済に使者を遣わし、任那の日本の県邑《あがたのむら》に住む百済の民の、逃亡して戸籍から削除されて三～四世を経た人を探し出して百済に移して戸籍に入れたとある。

百済滅亡時の混乱や飢饉なども手伝って、この時期かなりの数の人びとが、百済から他の地域に逃れていたようだ。

『日本書紀』の記事に従えば、ヤマト朝廷が管理している土地に違法に住んでいた百済の人びとを摘発し、帰国させたことになる。

ここから三年後には、百済は伽耶諸国の西側の地域を割譲してほしいと申し出てくることを考えれば、ヤマト朝廷側が、百済の領土欲を警戒し、伽耶の土地から百済系の住民を排除して、百済軍侵攻の口実をなくしておきたいという思惑が見え隠れする。

ここからいよいよ、伽耶をめぐる騒動は本格化する。『日本書紀』の記事を追ってみよう。

　継体六年（五一二）冬十二月、百済が使者を遣わして、貢納してきた。また、上表文を奉り、任那国の上哆唎《おこしたり》、下哆唎《あるしたり》、娑陀《さた》、牟婁《むろ》の四県割譲を要求してきた。哆唎国守《たりのくにのみこともち》、穂積臣押山《ほづみのおみおしやま》は、現地の状況を次のように報告してきた。

「これら四つの県は、百済に隣接し、日本からは隔たっております」

　と述べ、別の国のままにしておいては、守り切れないこと、百済に譲りひとつの国にすることが上策と勧めた。また、大伴金村《おおとものかなむら》も、同調した。そのため継体天皇は割譲を承諾し、物部麁鹿火《もののべのあらかひ》を宣勅使に任命し、百済の使者に伝えようとしたが、麁鹿火の妻は強く諫《いさ》めた。すなわち、

「任那の地は住吉神が応神天皇に授けた国であり、神功皇后と武内宿禰が国ごとに官家を置き、海の外の防壁として続いてきたのだから、もし他の国に与えてしまえば、後世の誹《そし》りを受けます」

　というのだ。けれども物部麁鹿火は、「言うことはもっともだ。しかしそれでは、天勅に背いてしまうことになる」というと、妻は「病と偽り、宣勅をやめてしまいなさい」と諫めた。

　このため他の使者が立てられ、勅は難波館で待っていた百済の使者に伝えられた

のである。

この時、大兄皇子《おおえのみこ》（継体天皇と目子媛《めのこひめ》の間の子・勾《まがり》大兄皇子）は、勅の内容を知って、驚き、悔い、「応神天皇の時代から官家を置いてきた国を、そう簡単に蕃国が請うままに渡してしまって良いのか」と述べ、百済の使者に人を遣わし、命令の撤回を告げさせたのだった。

これに対し百済の使者は、

「あなたの父である（継体）天皇が便宜を図り、勅を賜ることができた。それなのに、子の皇子が勅に背き、改めて命令を出されてよいものでしょうか。これは偽りでしょう。杖の太い端で撃つのと、細い端で撃つのでは、どちらが痛いでしょう」

と述べ、拒絶し、帰って行った。むしろ、当然のことである。

そしてこの時、噂が流れた。すなわち、大伴金村と穂積押山は、百済から賄賂を受けたというのである。

こうして任那の四県は、百済のものとなった。百済は高句麗の南下によって失ってしまった領土とほぼ同程度の広さの土地を、確保できたのだ。これが、いわゆる

「任那四県の割譲」である。

日本が発信した誤ったメッセージ

穂積押山の「哆唎国守」という役職が実際にあったのかというと、大いに疑問視されていることで、押山はただの使者に過ぎないのではないかと指摘されている。それもそうだが、朝廷の決定に対し子の勾大兄皇子が勝手に勅を撤回してしまったという話も、にわかには信じがたい。

もしこれが本当に起きていたのなら、命令系統がばらばらで、豪族も皇族も、思い思いの利害と思惑を抱えて、外交問題に対処していたことになる。

継体七年（五一三）夏六月には、こんなこともあった。継体六年の百済と継体天皇の「四県割譲の密約」に、伴跛《はへ》を中心とする北部の地域（大伽耶連盟）が反発したのだ。

百済は将軍を遣わし、穂積臣押山を副えて、五経博士《ごきようはかせ》を連れてきた。これとは

別に、

「伴跛国（碧珍伽耶）が臣の国（百済）の己汶《こもん》の地を掠奪《りやくだつ》しました。伏して願わくは、天恩によって判断いただき、元の通りにもどしてほしいのです」

と要請してきた。すると十一月、朝廷に百済、新羅、安羅、伴跛の使者を召し、恩勅を告げて、己汶と帯沙を百済国に賜った。

この月、伴跛国は使者を遣わし、珍宝を献上し、己汶の地を要求してきたが、ついに国は与えられなかった。

継体八年（五一四）三月、伴跛が子呑《ことん》と帯沙《たさ》などに築き、物見台や倉庫を置き、日本の来襲に備えた。また、兵士と兵器を集めて新羅を攻め、子女を捕らえ、村落を侵した。狂暴な振る舞いで、生き残ったものはわずか。人びとを悩ませ苦しめた。記録するのもはばかられるほどだった。

さらにこののち、伴跛との間に、何度も小競り合いが続いた。

四県割譲は、百済のみならず新羅にも「誤ったメッセージ」を送ったことになる。すなわち、四県割譲は日本の譲歩であるとともに、伽耶侵略を黙認する、とと

られたのではなかったか。すなわち、

「日本の本音は、伽耶のもっとも重要な地域＝安羅（阿耶）さえ守られれば、それ以外は奪い取ってもかまわない」

と、読み取れたのだろう。そうなれば、当然、高句麗の圧力に苦しむ百済と新羅は、伽耶諸国の領土をかすめ取っていくことになる。

こうしてヤマト朝廷は、伽耶諸国との信頼関係を損ねた。ここから、外交戦は、敗北を重ねていくのである。

新羅征討の邪魔をした筑紫国造磐井

継体天皇紀の書面は、伴跛（大伽耶連盟）の反発をめぐる場面からあと、ほとんど記事らしい記事はなく、一気に二十一年（五二七）夏六月に飛ぶ。九州で磐井《いわい》の乱が勃発するのだ。

継体二十一年（五二七）夏六月、近江毛野臣《おうみのけぬのおみ》（淡海臣《おうみのおみ》。『古事記』によれば、建内宿禰《たけのうちのすくね》の末裔）が六万の軍勢を率いて任那（朝鮮半島最南端）に赴き、新羅のために攻め滅ぼされた南加羅（洛東江下流域）と喙己呑《とくことん》（慶尚北道慶山）を復興し、任那に合併させようとした。

九州では筑紫国造磐井が、反逆を目論んでいたが、なかなか実行できず、隙を窺っていた。新羅はこれを知り、密かに磐井に賄賂を送って毛野臣の遠征を妨害するように働きかけた。

磐井は火《ひ》・豊《とよ》の二つの国（肥前・肥後・豊前・豊後の地域）を支配し、朝廷に従わなかった。海路を遮《さえぎ》り、朝鮮半島諸国からやってくる朝貢船を誘致し、毛野軍の行く手を遮った。

磐井は近江毛野臣に対し、次のような無礼な言葉を吐いた。

「今でこそ使者としてやってきたかもしれないが、昔はわがともがらとして、肩を擦《す》り肘を触れ、同じ釜の飯を喰らった仲ではないか（共器して同に食ひき）。なぜ使いとなったとたんに、従わせようとするのか。そのようなことが、どうしてできよう」

こういって、戦いは始まった。磐井の態度は、じつに奢《おご》っていた。

こうして近江毛野臣は、遠征を断念せざるを得なかった。

九州最大の前方後円墳・岩戸山古墳（福岡県八女市）
筑紫君磐井の墓と考えられている

　継体天皇は大伴金村、物部麁鹿火、許勢男人《こせのおひと》らに詔し、次のように語った。
「筑紫の磐井が背き、西戎《せいじゅう》の地を占有している。今、誰を差し向ければよいだろう」
　そこで物部麁鹿火が推挙され、天皇は征討を命じたのだった。物部麁鹿火は、次のように述べた。
「磐井は西戎の狡猾な人物です。地形を利用し反乱を起こしました。道に背き、驕慢《きょうまん》で、うぬぼれております。昔、道臣命《みちのおみのみこと》（大伴氏の祖）から室屋《むろや》（大伴金村の祖父）に至るまで、帝を助け敵を討ち、民の塗炭

（苦痛）を救ってまいりました。今も昔も、変わりがありません。ただ、天の助けを得ることを、重んじております。慎んで、征討してまいりましょう」

すると継体天皇は、麁鹿火を激励し、斧鉞《ふえつ》（殺生の権限を持つ者の証）を授け、

「長門《ながと》（山口県北東部から西側）から東側は朕（私）が支配しよう。筑紫（北部九州）から西側は、汝が統治し賞罰を専行しなさい。小さなことは、報告する必要はない」

と命じた。

継体二十二年（五二八）の冬十一月、物部麁鹿火は磐井と筑紫の御井《みい》（福岡県久留米市御井）で戦った。

激戦となり、双方譲らなかったが、ついに磐井は斬られ、境界が定められた。

十二月、筑紫葛子《つくしのくずこ》は父磐井の罪に連座することを恐れ、糟屋屯倉《かすやのみやけ》（福岡県糟屋郡）を献上してきたという。これが、磐井の乱の顚末《てんまつ》である。

なぜ磐井は乱を起こしたのか

磐井の乱を、どう考えればよいのだろう。

磐井は本当に新羅から賄賂を受け取っていたのだろうか。あるいは、磐井は新羅遠征に反発していたのだろうか。

門脇禎二《かどわきていじ》は、当時のヤマト朝廷が日本列島を統一していたわけではなく、筑紫地域国家が存在していたのではないか、と推理している（『古代日本の「地域王国」と「ヤマト王国」下』学生社）。

また一方で、北部九州はヤマト朝廷の論理に組みこまれ、兵站基地となり負担も増え、無理矢理遠征を強要され、疲弊し、不満が高まっていたのではないかとする説がある。

磐井には独立志向があって、この時一気に反乱を起こしたにちがいないというのである（山尾幸久他『古代最大の内戦　磐井の乱』大和書房）。

さらに、北部九州は朝鮮半島にもっとも近いという地理上の条件もあって、渡来系の人びとが多く暮らしていた。

その中でも豊前国の新羅系渡来人の人口比率は極めて高く、新羅派が多かった可能性も高い。

しかし、北部九州が独立していたという考えには、従うことができない。ヤマト朝廷にとって北部九州沿岸部は、朝鮮半島や中国とつながるための、外交と戦略の最重要拠点であり、この地域に独立国が存在すれば、真っ先に滅ぼしていただろう。

他の拙著の中で述べた通り、北部九州は東からの攻撃に耐えられない防衛上のアキレス腱を抱えていたのだ。

では、度重なる遠征に嫌気がさし、反発したのだろうか……。

ここで気になるのは、筑紫君磐井の素姓である。

磐井の祖は第八代孝元天皇の子の大彦命《おおびこのみこ》の末裔で、阿倍氏同族だ。

『日本書紀』によれば、大彦命は、阿倍臣《あべのおみ》・膳臣《かしわでのおみ》・阿閉臣《あへのおみ》・狭狭城山君《ささきのやまのきみ》・筑紫《つくしの》国造《くにのみやつこ》・越国造《こしのくにのみやつこ》・伊賀臣《いがのおみ》七族《ななぞく》の祖であったと記され、『国造本紀』によれば、第十三代成務天皇の時代、大彦命五世の孫の田《た》道命《みちのみこと》を国造に定めたという。

阿倍氏は、六世紀の継体《けいたい》天皇の出現とほぼ同時に勃興する。阿倍氏は蝦夷と強く結ばれていたが、それは越に地盤を持っていて、東国出身の豪族だからではないかと疑われている。

継体天皇は近江（滋賀県）の生まれだが、幼いころ父を失い、母の実家、三国《みくに》（福井県坂井市）で育てられていた。尾張氏らの支援を受けて実力を蓄え、ヤマト朝廷に求められ、西側に乗り込んでいった。

この時、阿倍氏も継体天皇を守るようにして移動した可能性は、非常に高いのである。

そして阿倍氏も磐井も継体天皇と同じ外交方針を胸に秘め、越からヤマトに乗り込んだのではなかったか。

というのも、継体天皇の故地・越《こし》は、新羅や伽耶と強く結ばれていた可能性が高いからだ。

このころ、次第に力を蓄えていったのが新羅で、また伽耶南部の金官伽耶は衰弱し、北側の大伽耶が発展していた時期だ。越は、これらの地域から、先進の文物を手に入れていたのだ。

新羅や大伽耶とつながっていた継体天皇

話は少し時代を溯る。

ヤマト建国前後の主導権争いで勝利したのは瀬戸内海勢力で、出雲から越にかけての日本海側は、急速に衰えていった。そして日本海勢力が復活するのは、五世紀後半のことだった。

そのころヤマトは王統が混乱し、その隙を突く形で、日本海側が復活している。当時、ヤマト朝廷に入っていなかった先進の文物を、日本海側が入手していた物証が残されている。

たとえば五世紀後半の若狭《わかさ》の古墳（西塚《にしつか》古墳。福井県若狭町）で、大伽耶からもたらされたと思われる金製の耳飾や金銅製の馬具が出土している。

越には、五世紀末に王冠がもたらされている。これはヤマトよりも早い。それは、二本松山《にほんまつやま》古墳（福井県吉田郡永平寺町。五世紀末、全長八九メートルの前方後円墳）から出土した鍍金冠《ときんかん》と鍍銀冠《とぎんかん》で、伽耶や新羅のものとそっくりなのだ。

二本松古墳より出土した冠

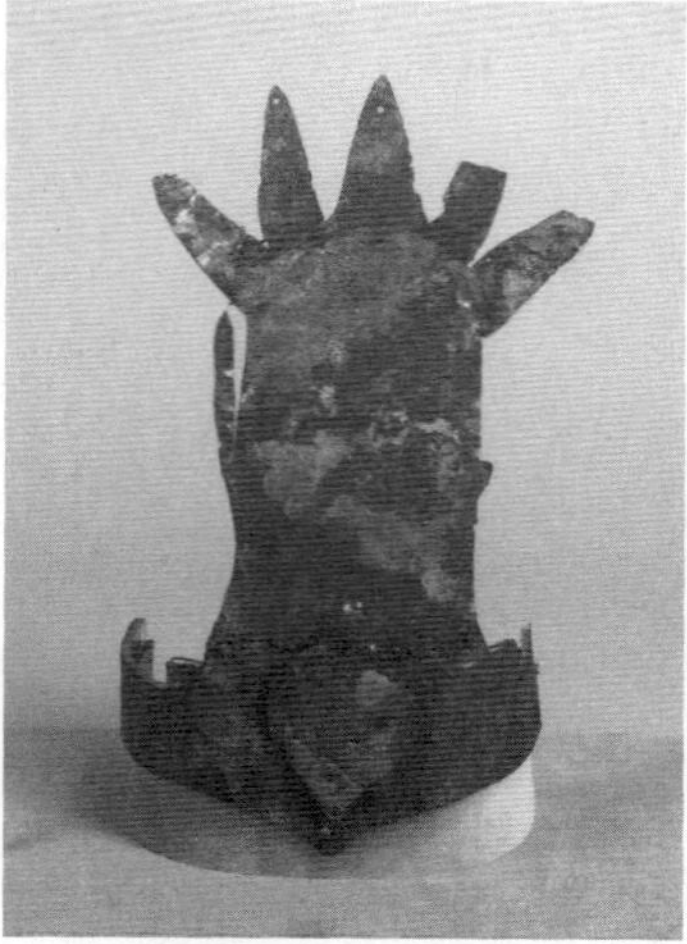

（東京国立博物館蔵／Image：TNM image Archives）

これだけではない。六世紀の矢田野《やたの》エジリ古墳（石川県小松市）から、大人が乗馬している珍しい二つの馬型埴輪が出土している。

森浩一は新羅の乗馬姿の陶質土器の影響を受けているのではないかと指摘している（森浩一他編『枚方歴史フォーラム　継体天皇と渡来人』大巧社）。

やはり、越と伽耶、新羅は、強く結ばれていたようだ。

ただし、この時代の外交戦は複雑怪奇で、即位直前の継体天皇は、百済ともつながっていたのではないかと疑われている。

隅田八幡宮《すだはちまんぐう》（和歌山県橋本市）の人物画像鏡は、「斯麻《しま》（百済の武寧王）」が「男《お》弟王《おとのおおきみ》＝即位前の継体天皇」に対し長い友好関係を願っている（長奉）と、読み解くことができる（ただし、銘文の読み方には、諸説ある）。

さらに、韓国の光州市周辺（かつての百済南部）の前方後円墳から円筒埴輪形土器《えんとうはにわがた》が出土し、石川県小松市付近、美濃、尾張で造られたものとそっくりだという（森浩一、前掲書）。

小松市の「新羅の影響を受けた埴輪」が出土した六世紀の矢田野エジリ古墳からも、件の円筒埴輪形土器が出土しているのだから、同じ地域でも、複数の地域と交流を深めていたわけだ（考えてみれば、不思議なことではない）。

いずれにせよ、朝鮮半島で複数の勢力が覇を競い、ヤマトと越、双方で、新羅、百済、どちらを選択するか、この時代の人びとは、悩み続けていたことは確かである。

活発化する朝鮮半島側のロビー活動

継体天皇はヤマトの王統が途切れたからわざわざ越から連れて来られて擁立されたというのが『日本書紀』の説明だが、もうひとつの理由は、朝鮮半島の思惑もからんでいた可能性が高まる。

じつを言うと、このあたりから徐々に分かってくることは、朝鮮半島のロビー合戦が、すでに五世紀後半の日本列島で始まっていたということなのである。

これまでの通説だと、ヤマト朝廷が中央集権化されていなかったために、日本側の外交は諸豪族のそれぞれの勝手な思惑で展開されたと言われてきた。

もちろん、その側面もあったのだが、たとえば磐井たちが新羅から賄賂をもらっていたという『日本書紀』の記事に関しても、それが賄賂なのかというと、そうではなく、朝鮮半島側からのロビー活動が活発化していた、と捉え直した方が、正確なのではないかと思えてくる。

日本列島の各地に有力者がいて、それぞれが思い思いに朝鮮半島と交流し、朝鮮半島のいろいろな地域とつながっていたにちがいない。

そして、彼らなりの既得権益が生まれ、それを死守するためにも、日本と朝鮮半島を股にかけて暗躍していたと思われるのである。

そしてもうひとつ、継体天皇の意志が、問題となってくる。

当初継体天皇は、親新羅派としてヤマトに引き入れられたが、反動で、反新羅派がいつの間にか台頭したのではなかったか。

また、継体天皇は旧王家の娘を娶り、これは「婿入り」ではないかと疑われてもいる。継体天皇は次第に丸め込まれ、現実的な「新羅遠征」を黙認しなければならなかったのではあるまいか。

そう思うのは、磐井の近江毛野臣に対する、例の発言があるからだ。すなわち、「同じ釜の飯を食っていたのに、なぜこんな関係になってしまったのだ」ということの発言は、

「継体天皇を擁立したのは、親新羅派として伽耶を守るという方策をヤマトに要求するためではなかったのか」

と、読み取れるからだ。

もちろん、当時の朝鮮半島は生き馬の目を抜くような、一瞬で国が攻め滅ぼされてしまうような緊張の中にあったから、越の首長（継体）が一躍時の人になりつつあるその時、百済も「新羅だけではなく、われわれも仲良くしてもらいたい」と、「念を押した」という図式が見えてくるし、百済は継体天皇が畿内に入った瞬間から、ロビー活動を展開して（この点、朝廷内部の人脈なら、新羅を圧倒していたはずだ）、継体天皇と親新羅派の関係を断ち切ろうとしていたのではなかったか。

親新羅派は粛清されたのか

そして、継体天皇と朝廷の決めた「百済への四県割譲」に対し、勾大兄皇子が猛烈に反対し、独断で勅を破棄してしまったことからも、継体天皇の「公約」は、「成長著しい新羅とともに、伽耶を守る」だったのではないかと思えてくる。

勾大兄皇子の母は東海の雄族・尾張氏の娘で、継体天皇は「東国の後押し」を受けて即位し、その東国は、「百済よりも新羅」との交流を望んでいた可能性が高い。五世紀以降、ヤマト朝廷の外交は、「百済中心（もちろん、もっとも親しいのは伽耶だが）」だった。

北部九州の沿岸地帯は、壱岐、対馬、金官伽耶、百済、中国というルートを確保していたわけだ。

これに対し出雲に新羅の伝承が濃密に残されていたのは、九州から見て東側の日本海一帯は、親新羅的だったのではあるまいか。

五世紀前半まで、ヤマト朝廷の主導権を握っていたのは瀬戸内海勢力であり、す

古代の勢力図

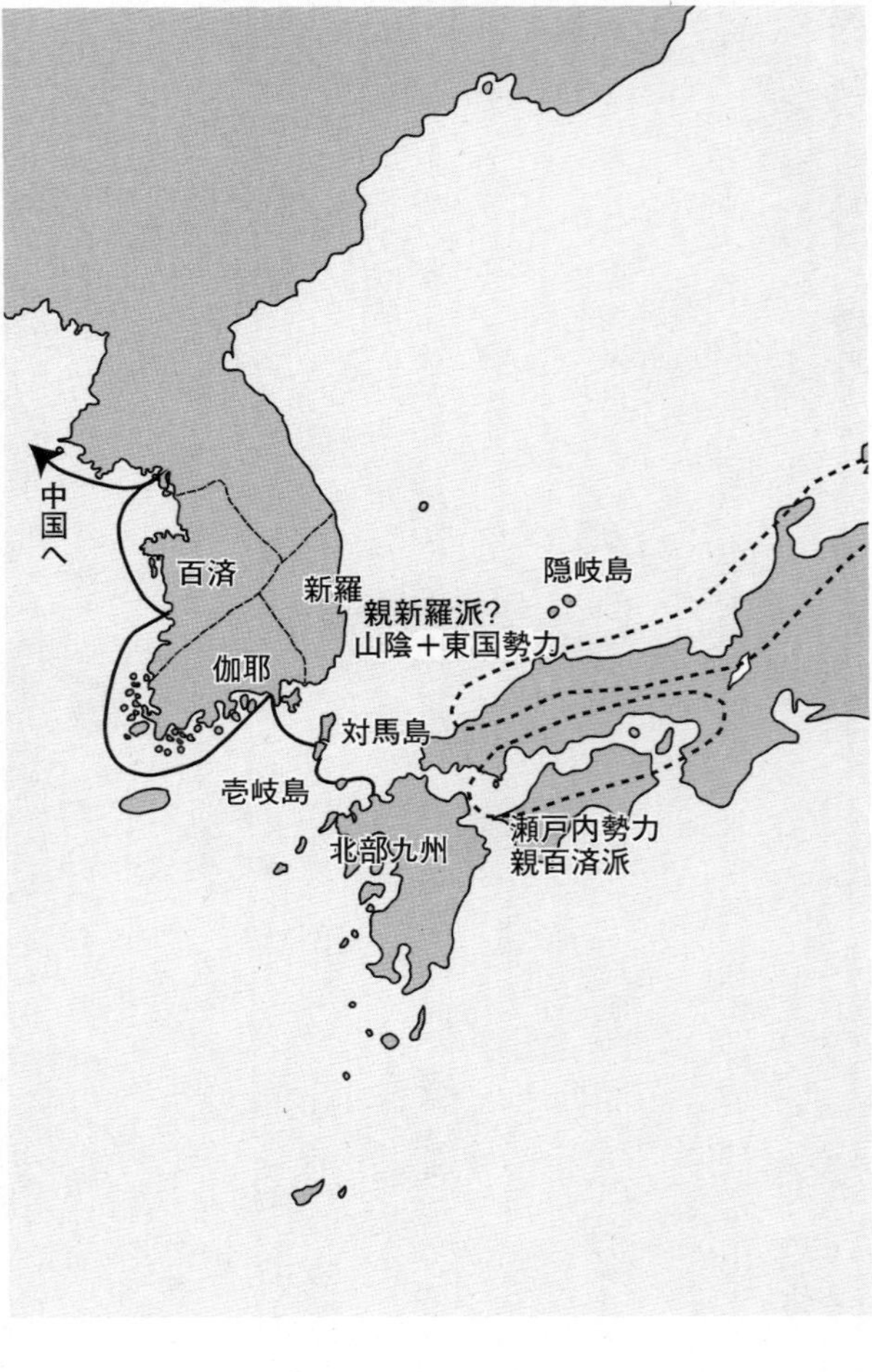

でに述べたように、彼らは北部九州、朝鮮半島南部、百済を経由して、中国とつながっていた。だから、当然のことながら、新羅よりも百済を重視したのだ。

逆に、ヤマト建国で主導権を奪われた人たちは、新羅との間に細々と交流の糸を保ち、五世紀後半、新羅も日本海＋東国も、同時に勃興したのではなかったか。

百済が西暦四七五年に一度滅亡した段階で、越や日本海側勢力の発言力は一気に強まり、ヤマトもその意見を受け入れざるを得なくなり、妥協策として継体天皇擁立に動いた可能性も高い。

そう考えると、磐井の言葉の意味も、すんなり飲み込める。継体天皇の変節を、嘆《なげ》いていたのである（継体天皇自身の方向転換が間違っていたかどうかは、別問題だが）。

そして、もうひとつ気になるのは、『日本書紀』の継体天皇崩御にまつわる記事だ。

継体二十五年（五三一）春二月、継体天皇は磐余玉穂宮《いわれのたまほのみや》で崩御《ほうぎょ》。そして、このあと、「或本に云はく」とあり、天皇は二十八年に亡くなったとある。しかし、『日本書紀』に二十五年に崩御とあるのは、『百済本記』の記事をそのまま当てはめたからだ。そこには、次のようにある。

「辛亥年（五三一）の三月に、進軍して安羅にいたり、近くの山城を造った。この月に、高句麗はその王・安《あん》を殺した。また、こういう話もある。日本の天皇と太子と皇子は、同時に亡くなったと聞く」

これを信じるならば、辛亥の年は、二十五年にあたる。のちの人が考えて、明らかにするだろう……


何とも不気味な内容だ。継体天皇の太子と皇子というのは、このあと即位する安閑、宣化天皇だろう。

二人とも、母は尾張の目子姫《めのこひめ》で、継体を迎えいれた旧政権からみれば、邪魔な存在であり、安閑は継体の決定を覆そうとした勾大兄皇子だから、余計煙たかっただろう。

とすれば、外交問題をめぐる混乱の中で、「尾張や東国の後押しを受けた親新羅派」が、ここで粛清されていた可能性も疑っておいた方がよい。

なぜか任那日本府は新羅とつながっていた

継体二十三（五二九）年春三月、百済王は穂積臣押山《ほづみのおみおしやま》に、次のように申し出た。

「日本に朝貢する使者は、いつも岬を避けて通り、風と波に苦労し、貢物を濡らしたり、壊したりしてきました。だから、加羅の多沙津《たさつ》を譲っていただきたい」

そこで、物部伊勢連父根《もののべのいせのむらじちちね》らを遣わし、津（港）を百済に下賜しようとした。しかしその場に居合わせた加羅王（加羅は大伽耶、高霊《こうれい》）は猛烈に抗議したため、さすがに王の面前でははばかられると、場を変えて、下賜した。

このため加羅は新羅と手を結び、日本を恨んだ。加羅王は新羅王の娘を娶り、子が生まれた。新羅王は娘を送り出す時、百人の従者を副えたが、方々に散らばって住み、新羅の衣冠を着た。

加羅王はこれには腹を立て（服を着ていることは、新羅が加羅を支配していることを暗示するため）、その人たちを集め、本国に送り返した。すると新羅王は、娘を帰せといってきた。加羅王が拒否すると、新羅は兵を繰り出し、加羅の三つの城を奪った。

ちなみに、新羅と加羅の婚姻関係成立に関しては、『新羅本紀』法興王《ほうこうおう》九年（五二二）三月条に同様の記事が載る。

このような複雑な思惑が錯綜《さくそう》する中、伽耶は坂道を転げ落ちるように、衰弱し、滅亡していく。その過程を、追ってみよう。

ここから先、『日本書紀』の記事そのものが、謎に満ちていくが、それは任那日本府に関わる記述だ。

任那日本府は、ヤマト朝廷の出先機関だ。ところが、任那日本府はヤマト朝廷の意志に背き新羅とつながっているのだ。

ところで、『日本書紀』は新羅を敵視し、批難するが、すでに述べたように、新羅の外交戦は、洗練されていた。

力攻めするのではなく、最南端の重要拠点、金官国《きんかんこく》（南加羅）を攻め恭順させると、金官国の自治を認めるに留まらず、金官国の主だった者を新羅政権内部で重用し、王族は新羅貴族の一員として迎えいれられた。

この様子を見た周辺諸国は、進んで新羅の軍門に降るようになっていった。だから、新羅の侵略戦によって伽耶の領土がかすめ取られ、悲惨な滅亡を迎えたのかというと、それは事情が違う。

新羅は西暦五三二年ごろまでに、安羅を圧迫するようになっていたが、ほぼ同時に、百済も安羅に進出し、両者はにらみ合いを続けていたのだ。そのような状況からしばらくして、事態は動き出す。

欽明二年（五四一）夏四月、安羅と加羅の使者と任那日本府の吉備臣《きびのおみ》らが百済に赴き、詔書（天皇の命令書）を承った。百済の聖明王《せいめいおう》は、次のように語った。

「日本の天皇の詔は、もっぱら任那を復興せよというものだ。どんな策を用いればよいのか、それぞれが忠誠を尽くし天皇に安堵していただかなければならない」

任那の使者は、新羅から返答がないこと、卓淳（慶尚北道）が新羅に滅ぼされたこと、新羅の脅威を訴えた。

聖明王は、安羅や加羅などの国々と親交を深めたのに、新羅に欺かれたことは、自分の過失であること、だからこそ、今任那を復興しようと述べ、新羅に攻められれば、自ら赴いて戦うといい、伽耶諸国の一部がすでに新羅に呑みこまれたその敗因を分析し、内部分裂などがあったことを指摘した。

だから、ここで力を合わせようと、力説した。

ところが七月、百済は安羅の日本府が新羅と謀略をめぐらせたことを知った。そこで使者を送り、任那の再建を謀らせた。

また、新羅と通じた河内直《かわちのあたい》（『新撰姓氏録』には、百済系の渡来人とある。任那日本府の高官）を責め、罵倒した。百済の聖明王は、任那に対し、かつてのように、親密な友好関係を結び、ともに天皇に仕え、強敵に備えようと改めて伝えたのだ。任那日本府に対しても、日本の天皇の詔を引き合いに出し、「任那が滅亡すれば、あなた方は拠り所を失う」と諭している。

こうして伽耶（任那）は滅亡した

欽明四年（五四三）十一月には、天皇は百済に詔して、

「百済は任那を再建すると言い続けて十年になるが、いまだに約束は果たされていない。任那はあなたの国の棟梁であり、棟梁が倒れれば、誰が家屋を守ることができるだろう。任那が再建されれば、河内直はおのずから退くだろう」

と伝えたのである。

これを受けて聖明王は、任那日本府に対し任那復興会議に出席するように持ちかけるが、なかなか応じなかったという。

欽明五年（五四四）十一月、百済は使者を遣わし、任那の官人と任那日本府の臣を呼び、任那復興会議が開かれる。

そして、新羅と安羅の国境に城を造り百済と日本の兵で守り、敵地の農作業の妨害をすること、任那日本府の吉備臣、河内直らを本国に帰還させることなど、新羅を駆逐する三つの策を練り、天皇に奏上することにしたという。

ところが任那日本府は、この会議の決定にしたがっていない。

欽明九年（五四八）四月の条には、高句麗の百済侵攻に際し、阿羅と任那日本府が百済に加勢しなかったことを不審に思い、百済に捕虜となっていた高句麗の兵に問いただすと、任那日本府と安羅が、高句麗をそそのかし、百済侵攻に向かわせたというのである。

これを聞いた欽明天皇は、

「任那日本府と安羅が高句麗に密使を送り百済を攻めさせたことは信じてはならな

六世紀中頃の朝鮮

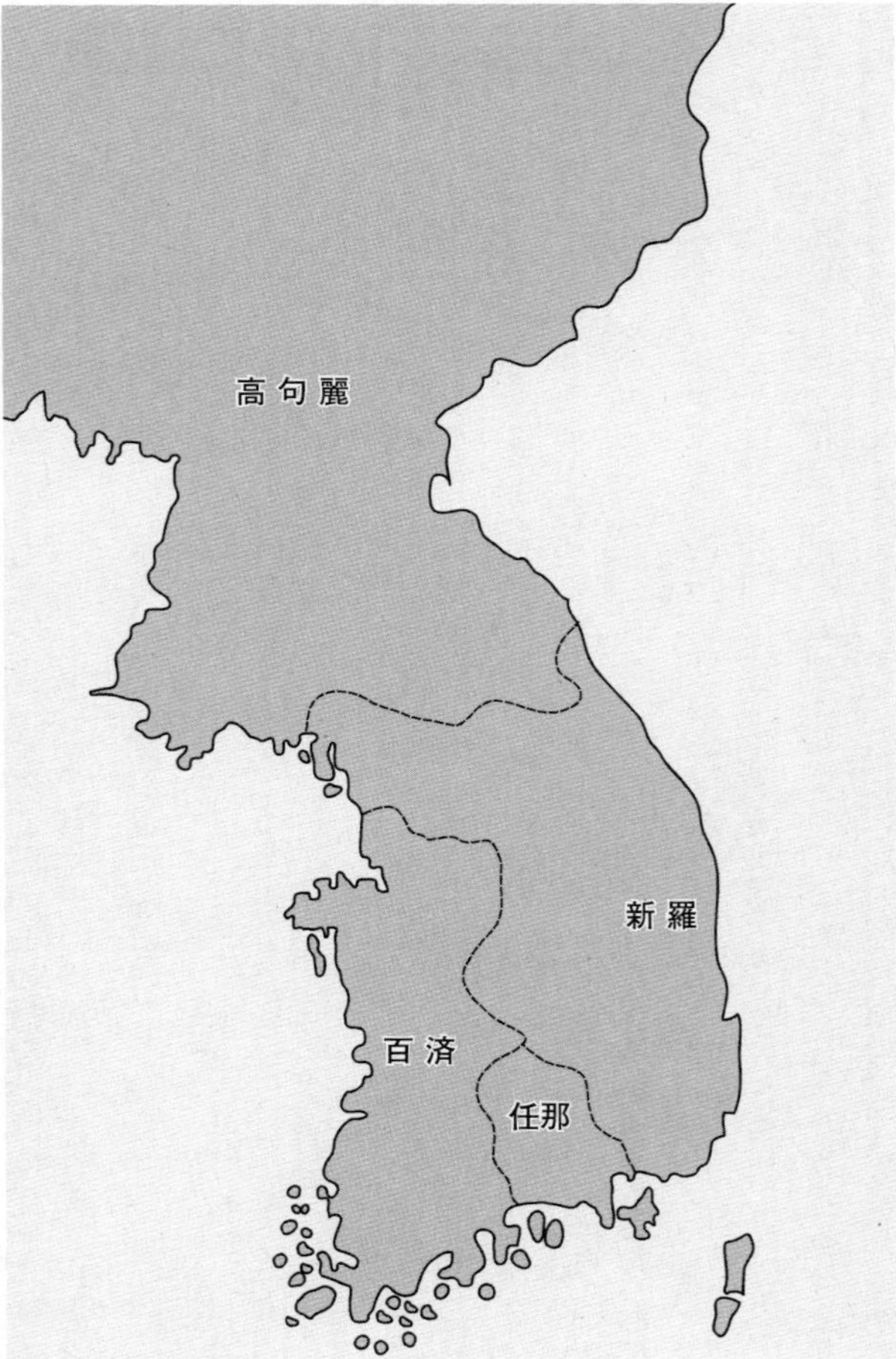

『世界史年表・地図』(吉川弘文館)を参考に作成

い。ただ、隣国の災難を傍観してしまったことは、私の心の痛むところだ」

と述べている。

これら任那日本府に関わる『日本書紀』の記事は、謎に満ちている。

天皇の命令が百済を経由して任那日本府に伝えられていることがひとつ、そして、任那日本府が、天皇や百済の意向をことごとく無視していることがもうひとつだ。

これは、どうにも理解できない。任那日本府は、本当にヤマト朝廷の出先機関だったのだろうか。

ただ、これはもはや謎でもなんでもない。

まず安羅国は、新羅と百済の狭間にあって滅亡の危機に瀕していたが、百済軍はすでに安羅国に進出し、実効支配しようとしていた。日本が四県割譲を承諾した時点で、百済は「伽耶を攻めて奪う」と、心に決めていたのだろう。だから、第一回目の任那復興会議のあと、安羅と任那日本府は新羅に通じたのだ。

任那日本府は朝鮮半島で活躍していた日本の豪族のそれぞれの思惑が錯綜する場であり、誤ったシグナルを出し続けたヤマト政権に対し、反旗を翻すのは、当然の行動だったと思われる。

『日本書紀』欽明二十三年（五六二）正月に、次の記事が載る。

「新羅、任那の官家を打ち滅ぼしつ」

ここに伽耶は全滅したのである。

日本外交史の汚点と言ってもいい。ヤマト建国以前から続いた朝鮮半島最南端の拠点を、日本は失った。

欽明天皇が最晩年嘆いてみせたように、もっとも信頼していた友を失うという、甚大な国益損失であった。

原因は、ひとつにまとまらない外交政策と、百済に対する譲歩であろう。百済と新羅に対し誤ったメッセージを送ってしまったのである。

第四章

朝鮮半島諸国のロビー活動と蘇我氏の外交政策

百済は北部九州を奪おうとしていた？

任那《みまな》滅亡（五六二年）から約百年後の白村江《はくすきのえ》の戦い（六六三年）によって、百済は滅亡してしまう。

百済は賭けに出たのだ。新羅と唐の連合国に対抗するために、長い間宿敵だった高句麗と手を結び、さらに日本に援軍を要請したのだ。

この結果、日本の水軍は、白村江で唐の水軍と戦い、大敗北を喫した。そして、一歩間違えれば、この時日本も唐の大軍に呑みこまれていたかもしれない。歴史上、最大のピンチが白村江の戦いだったのだ。

ちなみに、白村江の戦いに猪突したのは、古代史の英雄・中大兄皇子《なかのおおえのみこ》であった（なぜ中大兄皇子は間違った選択をしたのか、その理由は、このあと説明する）。

ならば、任那滅亡から白村江の戦いまで、ヤマト朝廷は百済と固い同盟関係で結ばれていたのかというと、ここが、複雑なところで、むしろ、仲がいいようで悪かったというのが、実情である。

たとえば、『日本書紀』敏達《びだつ》十二年（五八三）七月一日に、敏達天皇が父・欽明《きんめい》天皇の遺志を継承し、任那復興に向けて決意を表明する詔が発せられたが、ここから奇妙な事件が起きていく。

詔の中で敏達天皇は、百済の倭系官僚で火葦北国造《ひのあしきたのくにのみやつこ》阿利斯登《ありしと》（宣化天皇の時代に大伴金村の下で活躍し朝鮮半島に送り込まれていた）の子・達率《だちそち》（百済の高官）日《に》羅《ら》が賢く勇気があること、だから、ともに計略を立てたい」と、直々のご指名で、百済から召還した。

ちなみに、火葦北国は肥国《ひのくに》だから、北部九州の首長層と百済の間に、頻繁な交流があったのだろう。それはともかく……。

はじめ百済王は、日羅を日本に向かわせれば、日本はそのまま引き留め、返さないのではないかと疑い、日羅を惜しみ、召還の命令に従わなかった。

しかし、日羅は使者に策を授け、なかば脅迫ともとれる方法で、百済に再要求させた。すると百済は、天朝（天皇）を恐れ、ついに従った。

難波に到着した日羅に、使者がさし向けられ、慰労し、国政について問いただした。すると、次の献策があった。

「政治を行うのは、民を守り養うためです。ですから、すぐに遠征をするのはやめて、三年間、国力を充実させるべきです。そののちに、兵を繰り出せば、これは脅威になります。そしてすぐに、百済の王を召せばよいのです。こないなら、高官や王子を召して下さい。そうすれば、自然に服従するでしょうし、そのあと、罪を問えばよいのです」

また、ここから続く日羅の話が意外な展開を見せる。

「百済人が策謀して、三百隻の船で筑紫の領土を奪おうと思っています。もし、割譲の申し出があれば、偽って与え、もし百済が新しい国を造ろうというのなら、まず女子供を船に乗せてやってくるでしょう。その時、壱岐や対馬に伏兵を置き、殺して下さい。要害の地には、固い要塞を築いて下さい」

こう進言して日羅は百済に戻っていくが、帰路、同行していた百済の人たちに殺されてしまう。新羅の仕業に見せかけたが、日羅が蘇生し、真相を言い残して亡くなった。

百済のきな臭い動きだ。四県割譲のように北部九州も譲ってくれると本気で思っていたのだろう。舐《な》められたものである。

百済は嘘をつく国と批判されていた

日羅は知りすぎていたのだろう。「百済に不穏な動きがある」と、密かに日本に通報していたにちがいない。

あわてた敏達天皇は、日羅を召還し、詳しい情報を知りたかったのだろう。だからこそ、百済は日羅の帰国を最初拒否していたのだろうし、生かしておくことはできなかったにちがいない。

ヤマト朝廷も、百済に対する不信感は、日増しに強くなっていったようだ。四県割譲を許したあと、百済は伽耶を我が物にしようと領土欲に駆られ、それが日本側の利益にはつながらなかったからだ。「恩を仇で返された」と、疑心暗鬼が募っていったにちがいない。

推古三十一年（六二三）是歳条には、新羅が任那の地に侵攻し（任那が反旗を翻したのかどうかは不明）、推古天皇は新羅を討つべきかどうか、群臣に尋ねた。

田中臣《たなかのおみ》（武内宿禰の末裔。要するに蘇我系豪族）は、あわてて討つべきではなく、まずは、実情を把握することが大切と主張した。

これに対し中臣連国《なかとみのむらじくに》(「中臣氏系図」に従えば、中臣鎌足の叔父)は、新羅を討ち、任那を百済に帰属させるべきだと反論した。

田中臣の答えが、興味深い。「そうではない」といい、

「百済は是反覆多き国なり《これかへすことおおき》」

すなわち、百済は信用ならないというのだ。すぐに、約束を違《たが》えると言っている。

道路の距離も欺《だま》す人たちだと、具体例を挙げて批判している。推古天皇も、田中臣の進言を聞き入れ、使者を派遣し、実情を探った。

ただこの年、境部臣雄摩侶《さかいべのおみおまろ》や中臣連国らは、新羅を攻めようと海を渡っている。戦闘はなく帰ってくるが、どうやらこれも、豪族たちの勝手な行動だったようだ。

この年に新羅が伽耶に侵攻したという『日本書紀』の話、前後の状況から見て、架空の話と考えられているのだが、興味深いのは、田中臣の献策の言葉の中に、この時代の日本と百済の微妙な関係が示されていること、そして、ヤマト朝廷内に、外交方針をめぐって大きく二つの流れ(派閥)が生まれつつあることだった。

このあと触れるように、中臣氏は物部氏と強く結ばれた氏族で、物部氏と蘇我氏の仏教導入をめぐる争いの時、中臣氏は物部氏の配下で、仏教排斥の急先鋒を担っている。

新羅は巧みに日本を持ち上げていた

したたかだったのは、新羅である。

時間を少し溯る。敏達四年（五七五）六月に、新羅は日本に使いを遣わし、調進してきた。調は例年よりも多かった。

また、任那の四つの村（金官国の領域。王弟が金官国に残って「領地」を管理していた）の調も貢上してきた。

これは、いわゆる「任那の調」であり、この先慣例化されていく。改めて述べるまでもなく、「調を貢上する」というのは、単なる納税ではない。服属を誓う行為だ。

つまり新羅は、実質的に旧伽耶諸国を支配していたが、日本側が求める「任那復興」を、「任那の調」によって（日本には伽耶諸国が服従するという形をとって）叶えてみせたのである。

すでに述べたように、新羅は伽耶諸国を次々と併呑したが、自治を認め、貴族たちを重用した。

その上で、「任那の調」を日本に貢上することにしたのだ。過去の記録を辿ってみると、伽耶諸国からこのような調が送られる慣習もなかった。それにもかかわらず、新羅は日本に対し、下手に出てきたのだ。

このような方策をとられれば、仇敵だったとはいえ、新羅を悪く思うはずがない。日本の面子も保たれた。外交戦で、新羅は勝利を収めた形になる。

ただし、この直前、日本側も朝鮮半島南部に、何かしらの働きかけをしていたようだ。

新羅使来日三カ月前の敏達四年三月、百済は使者を送って調進した。調の量は例年よりも多かった。

天皇は新羅がいまだに任那を再建しないので、皇子と大臣に詔して、「任那のことを怠ってはならない」と告げた。

夏四月、新羅と任那と百済に、それぞれ使者を送った。新羅が任那の調を日本にもたらすのは、この二カ月後だ。日本側からの圧力に、新羅は動かされた可能性が高い。

そしてこのあと、中国に大きな変化があった。四百年近く続いた中国の混乱と分裂状態が、北朝の隋によって統一されたのだ。

百済と新羅は、すぐさま反応した。

百済は、新羅によって奪われた伽耶の地域を取り戻そうともがき続け、その一方で高句麗とも対峙していたから、隋が統一を果たすと、すかさず慶賀の使者を送っている。

百済は敵対する高句麗が中国の北朝とつながっていたので、つねに南朝と通交していたが、統一王朝の誕生によって、北も南もなくなったわけだ。百済は隋に対し高句麗征討を請願し、隋も三回にわたって遠征を敢行した。

もっとも、隋は高句麗遠征と大土木工事で疲弊し、二代の皇帝で滅亡してしまう。唐が続いて統一国家を維持していくが、二つの帝国は、律令制度を整備し、中央集権国家を完成させたのである。

また百済は、高句麗が隋と戦っているうちに、新羅を叩こうと目論み、実際に攻勢に出ている。これに対し新羅は、一貫して隋に恭順し、臣従していく道を選んだのである。

六世紀の物部氏と蘇我氏の格闘

では、日本はどうだったのか。六世紀から七世紀の激動の時代を、ヤマト朝廷はどうやって乗り切ろうとしていたのだろう。

結局日本は、白村江の戦い（六六三年）で唐と新羅の連合軍と戦い、大敗北を喫し、滅亡の危機さえ味わった。これは日本外交史の大失策、汚点であり、なぜ無謀な戦争に突き進んでいったのか、その原因を突きとめておく必要がある。

まずは、物部氏と蘇我氏の葛藤から、話を始めよう。

このころの日本では、物部氏と蘇我氏の主導権争いが勃発していた。

敏達十四年（五八五）八月、敏達天皇崩御ののち、殯宮《もがりのみや》で大きな刀を腰に佩《は》いて誄《しのびごと》を奉っていた蘇我馬子を、物部守屋が大笑いし、「猟矢《ししや》（狩猟用の大きな矢）

物部守屋と関わりの深い大聖勝軍寺（大阪府八尾市）

で射られたスズメのようだ」と言った。

次に、物部守屋が誄を奉ると、緊張のため手足が震えた。すると蘇我馬子は、「鈴をつけるとよいだろう」と揶《や》揄《ゆ》した。ここに、二人は互いを恨むようになったという。

蘇我氏と物部氏は、仏教公伝（五三八年、あるいは五五二年）当時から、敵対関係にあった。

蘇我氏は仏教を積極的に導入しようと考え、かたや物部氏は、蕃神を祀れば国神の怒りを買うといい、反発していたのだ。物部守屋は仏寺を壊し、仏像を難波の堀江に捨ててしまった。

物部氏は徹底的に仏教を嫌っていたと『日本書紀』は言う。結局、用明二年（五八七）、蘇我馬子が主だった皇族や豪族を集め、物部守屋を攻め、滅亡に追い込む。

しかし、この事件、単純な宗教戦争ではない。物部氏は当時、すでに仏寺を建《こん》立《りゅう》していたことが分かっている。

物部氏は仏教そのものを拒否していたわけではなさそうだ。それに、物部守屋の滅亡によって物部氏は没落したかのように『日本書紀』は印象操作するが、実際には物部守屋は物部氏の「傍流」で、本家筋は無傷で残っていたと、物部系の『先代旧事本紀』は記録している。

しかも、『先代旧事本紀』は古代史最大の悪人・蘇我入鹿に物部氏の血が流れていたことを、誇らしげに書き記している。

つまり、八世紀前半の「蘇我氏を滅ぼし、物部氏を衰弱させることで成立した新政権（藤原系）」が記録した『日本書紀』には、物部氏と蘇我氏の本当の姿を隠すためのカラクリがいくつも用意されていたと考えざるを得ない。

古代史を読み解くために『日本書紀』は必読書だが、権力者による政治的な意図が込められた文書だったことを肝に銘じておく必要がある。

『日本書紀』編纂には藤原不比等《ふひと》が大いに関わっていた可能性が高いのだが、藤原不比等は蘇我本宗家（本家）を潰そうと躍起になった中臣（藤原）鎌足の子だ。

主家筋物部氏の氏神を奪い取った中臣氏

さて、物部氏と蘇我氏の仏教戦争とほぼ同時進行していたのは、皇位継承問題で、物部氏と蘇我氏がそれぞれ異なる皇子を推していた。

もちろん、贔屓《ひいき》にする皇子が即位すれば、政局の主導権を奪える。争点はむしろこちらが重要だったのだ。

さらに、この争いの背後には、外交路線をめぐる確執も隠されていた。『日本書紀』は、この政治的な駆け引きを、「仏教をめぐる争いだった」と、脚色したようだ。『日本書紀』はこの時代の政争と「日本の外交戦の真相」をいかに誤魔化すかに腐心していたのである。

具体的には、中臣鎌足らが主導した百済復興計画、白村江の戦い（六六三年）が、日本を滅亡の危機に追いやったこと、この大失策を糊塗《こと》するために、六世紀以降のヤマト朝廷の外交政策の流れを、改竄し隠蔽した可能性が高いということなのだ。そのため、古代史全体が、深い闇の中に消されてしまったと言っても過言ではない。

そこで、分かるところから、この時代の外交史の流れを復元する必要があるのだ。

まず、物部氏の立場を考えてみよう。

すでに触れたように物部氏の祖はニギハヤヒ（饒速日命）で、ヤマト建国から八世紀初頭に至るまで、政権の中枢に立ち続けた。日本各地に領土を持ち、日本最大の豪族として、ヤマト朝廷を引っ張ってきたのだ。軍事も外交も、物部氏が長い間主導権を握っていた。

物部氏の祀る石上神宮《いそのかみじんぐう》（奈良県天理市）に百済から贈られた七支刀が存在するのは、物部氏が政権の中心に立ち外交を主導していたこと、物部氏が旗振り役となって、親百済外交を展開したからだろう。

百済の倭系官僚の中に物部系の名が散見できるのも、物部氏と百済の関係の深さを示している。

もうひとつ、親百済派の豪族は、中臣（藤原）氏である。『先代旧事本紀』には、物部氏の祖のニギハヤヒとともに中臣氏の祖はヤマトに乗り込んだとある。中臣氏の拠点は生駒山の西側で、物部氏に寄り添うような場所だ。

八世紀に藤原氏は朝堂のトップに立つが、そののち春日大社に、関東の香取神社から経津主神《ふつぬしのかみ》を、鹿島神宮から武甕槌命《たけみかづちのみこと》を勧請《かんじょう》してくる。経津主神は物部氏と、武甕槌命は尾張氏と強くつながっていて、藤原氏は古代を代表する豪族の氏神を奪って自家の神に据えた。

中臣氏旧来の拠点に祀られる枚岡《ひらおか》神社（東大阪市）では、最初天児屋根《あめのこやね》を祀っていたのに、経津主神と武甕槌神が加えられ、主祭神にされてしまった。

このように、中臣氏にとって、物部氏は主家筋にあたっていたが、物部氏を没落させることに成功し、氏神を奪い取ったわけだ。

中臣氏が神祇祭祀に関わるのは、物部氏がヤマト政権の神祇祭祀や儀礼の基礎を築き、物部氏の元で神道に携わっていたからにほかならない。

何が言いたいかというと、中臣氏は物部氏と利害を共有していたがために、先述したように、親百済派だったということだ。また、対立した蘇我氏は、田中臣がそうであったように、親百済派ではない。

ここに、大きな外交戦略をめぐる二大派閥が見て取れるわけで、物部守屋と蘇我馬子の争いも、外交戦という視点から見つめ直す必要がある。

誰が改革派だったのか

『日本書紀』には、物部守屋の妹が蘇我馬子に嫁いだこと、蘇我本宗家が権勢をほしいままにしたのは、蘇我馬子が物部系の妻を利用して物部氏の財を奪ったからだと、記す。

当然、物部氏と蘇我氏は、犬猿の仲にあったと信じられている。

しかし、実態は異なる。『先代旧事本紀』は蘇我氏を敵視していない。その上で、蘇我入鹿が物部系であることを明記していたのだ。

しかも、蘇我氏全盛期に、物部《もののべの》鎌《かま》姫《ひめの》大《おお》刀《と》自《じの》連《むらじ》公《きみ》なる女人が、政権内部で活躍していたと記録する。

『元興寺伽藍縁起 幷《ならびに》 流記《るき》資財帳』には、物部鎌姫大刀自連公と同時代人の女性が、物部氏と中臣氏に向かって「わが眷属《けんぞく》（一族）よ」と呼びかけ、仏教排斥の非を説き、和解を呼びかける場面がある。

「大々王《おおおおきみ》」という謎の名で登場しているが、おそらくこれが物部鎌姫大刀自連公で、蘇我馬子の物部系の妻だろう（拙著『百済観音と物部氏の秘密』）。物部氏と中臣氏は、大々王の言葉に聞き入り、懺悔したとある。

『日本書紀』は蘇我本宗家について、「天皇家をないがしろにした大悪人」「中央集権国家造りの邪魔になった」と印象操作をした。

くどいようだが、『日本書紀』編纂時の権力者は中臣鎌足の子・藤原不比等で、『日本書紀』は藤原氏にとって都合の良いように書かれた歴史書だった。

藤原氏は盛衰をくり返しながらも千年近く生き残ったから、『日本書紀』の主張はほとんど疑われることなく、今日に受け継がれ、「蘇我氏は古代史の大悪人」という考えは、常識になってしまった。

しかし実際の蘇我氏は、むしろ改革派だったと思う。

皇極四年（六四五）に中大兄皇子と中臣鎌足によって、蘇我入鹿暗殺が決行され

（乙巳《いつし》の変）、蘇我本宗家は滅びた。

この時、中大兄皇子は「蘇我入鹿は皇族を滅ぼし、王家を乗っ取ろうとしている」と叫び、その翌年、大化改新（六四六年）が断行された。すなわち、蘇我本宗家が滅亡して、ようやく日本は新たな一歩を踏み出したといっている。

しかし、蘇我入鹿暗殺の手柄をあげた中大兄皇子は、この時は即位することができず、母の皇極天皇は弟に禅譲している。これが孝徳天皇で、この人物は親蘇我派だった。

ここに、これまで語られてこなかった大化改新をめぐる大きな謎が隠されている。

蘇我氏全盛期に擁立された皇極天皇も親蘇我派で、皇極初婚の相手は、蘇我系皇族・高向王《たかむくのおおきみ》だった。生み落とした子が「漢皇子《あやのみこ》」で、「漢」は蘇我氏の懐刀となった「東漢氏」に通じる。

さらに、皇極天皇は蘇我入鹿暗殺の場面で狼狽《うろた》えていたことなどから、ふたりは男女の仲にあったのではないかとも疑われている。

中大兄皇子は孝徳天皇政権下で目立った業績を上げていない。要するに中大兄皇

日本初の法師寺。蘇我氏の造った法興寺（奈良県明日香村）

子は要人暗殺には成功したが、政権を転覆できたわけではなかったのだ。

その証拠に孝徳天皇は蘇我氏の遺志を継承している。

もっとも分かりやすい例は難波遷都で、ここに律令体制の基礎となる都（難波《なにわの》長柄《ながらの》豊碕宮《とよさきのみや》）を築いたが、遷都計画はすでに蘇我入鹿の時代に策定されていたようだ。

『日本書紀』は、「ネズミが蘇我入鹿存命中に難波に移動していた」と記録し、人びとは「あれは遷都の前兆だったのだ」と語りあったというが、難波遷都の業績を蘇我氏から奪うために、このような説話を用意したに過ぎまい。

百済服を着た蘇我氏

中大兄皇子と中臣鎌足は孝徳朝の要人暗殺をくり返した。孝徳天皇は律令整備に奔走《ほんそう》したが、改革事業には痛みがつきまとうのが必然で、不平を漏らす豪族たちも現れただろう。

何しろ、律令を整えるには、それまで私有を認められていた土地と民は、原則として一度国家に預けなければならない。

その上で、民に土地を分配し、さらに、豪族たちに役職と俸禄が与えられる。既得権益に甘えていた豪族たちは、不安になっただろう。その不満分子を中大兄皇子らは集めて、利用したのだろう。

孝徳政権は、あっけなく追い詰められた。中大兄皇子らは、飛鳥遷都を進言するも、受け入れられないとみるや、役人たちを引き連れ、勝手に飛鳥に戻っていった。孝徳天皇は孤立し、難波で憤死した。

蘇我氏は、改革派で、中大兄皇子らは改革潰しに走った側、ということだ。これを前提にして蘇我氏と物部氏の関係に注目すると、興味深い事実が浮かび上がってくる。

蘇我系皇族・聖徳太子は法隆寺を建立するが、斑鳩《いかるが》一帯は物部系の豪族が支配する土地だった。

ここに聖徳太子が拠点を造ることができたのは、物部氏の協力があったからだろう。もちろん、物部氏も無条件で蘇我氏の方針に従ったわけではあるまい。

『日本書紀』推古元年（五九三）正月十五日、法興寺（飛鳥寺）の刹柱《さっちゅう》（仏塔の中心の柱）の礎（心礎）の中に仏舎利を置き、翌日刹柱を建てたとある。

この様子を『扶桑《ふそう》略記』は、次のように記録する。

法興寺の刹柱を建てた日、嶋大臣《しまのおおおみ》（蘇我馬子）ら百余人は、百済服を着て参列し、みな喜んだというのである。

なぜ、蘇我氏の寺で、みな式典で百済服を着て、喜びの声が上がったのだろう。

一般に、蘇我氏は百済系の渡来人ではないかと疑われている。それなら、蘇我氏が百済服を着た理由が分かってくる。

けれども、これは間違いだ。『日本書紀』は、蘇我氏があたかも渡来系であるかのように記録するが、その一方で、はっきりと「海の外からやってきた」とは書かず、また、蘇我氏の素姓を明らかにしていない。祖の名を隠している。

もし仮に、蘇我氏が大悪人で、渡来系なら、『日本書紀』は迷わず事実を記録しただろう。そうではなく、系譜を隠蔽したところに、真相を解く鍵が残されている。

すなわち、蘇我氏は正統な一族だったからこそ、正体を抹殺されたのだ。

『古事記』は、蘇我氏は建内宿禰《たけのうちのすくね》（武内宿禰）の末裔といい、建内宿禰は天皇の末裔だ。これを信じれば、蘇我氏は王家の一員だったことになる。

もっとも、系譜を辿っていくと第八代孝元天皇に行き着き、これは欠史八代のひとりで、実在しなかったと考えられているのだから、この系譜もにわかには信じがたい。

けれどもそれ以上に、蘇我氏が王家の成り立ちに深く関わっていたことは、拙著の中ですでに述べてあるので、くり返さない（『蘇我氏の正体』新潮文庫）。

蘇我氏は、ヤマト建国に活躍した正統な一族であり、一時疑われたような百済系の渡来人ではない。ならばなぜ、百済服を着てみせたのだろう。

それは、親百済派の物部氏に対し協調関係を構築するための明確な意志表示ではなかったか。

蘇我氏全盛期のダイナミックな外交戦略

蘇我氏全盛期の日本外交は、かつてないダイナミックなものだった。

旧伽耶諸国の大部分が新羅の領土となったあと、ヤマト朝廷は新羅に圧力をかけ続ける。

一方の新羅は、伽耶諸国の自治を認め、日本に対する調進をさせることで、日本の面子を保った。日本はかつての同盟国、百済を次第に警戒しだし、長い間敵対していた高句麗や新羅とも、接点を求めていくようになる。

そして、何といっても、日本が隋と通交したことに、大きな意味が隠されていた。

第一回の遣隋使は、西暦六〇〇年に行われた。推古八年のことだが、『隋書』倭国伝に記されるも、『日本書紀』には記録されていない。この時、日本側の使者は、日本の風俗を尋ねられ、次のように答えている。

倭王は天を兄とし、日(太陽)を弟としている。天(夜)がまだ明けない時、政《まつりごと》を聴き、跏趺《かふ》(あぐらをかく)して座っている。日が昇るとそこで政務をやめ、あとは弟に委ねると云々……

これを聞いた高祖(文帝《ぶんてい》)は、「此れ太《はなは》だ義理無し(道理のないことだ)」とあきれ、諭したという。

おそらく、ここに登場する「兄」は「姉」で、王の親族の女性が巫女となって祭祀を仕切っていたことを説明したのだろう。

いわゆる祭政一致であり、「政」を「まつりごと」というところに、日本の伝統的な統治体制が示されている。

法を整備し強大な中央集権国家の建設を目論んでいた文帝には、「そんな野蛮なことをまだやっているのか」という思いだっただろう。

もっとも、どんな統治システムであれ、そこで暮らす人びとが幸せならそれでよいのであって、遅れているから間違っているという発想を、筆者はとらない。

ただ、先進の文化、文明が周辺に育っていく状況の中で、新しい方法を取り入れなければ、取り残され、敗れていくという宿命を、人類は背負っていることは間違いない。

それに、件《くだん》の遣隋使で日本側が恥をかいたことが、日本にとって大きな出来事となった。刺激を受けたヤマト朝廷は、ここから変貌していく。

王の親族の女性が巫女《みこ》となって神から力をもらい、それを王に放射するというシステムは、伊勢斎宮《いせさいくう》に継承されていくが、具体的で刷新された統治システムは、この遣隋使以降、整備されていくこととなる。

そして、推古十五年（六〇七）、二回目の遣隋使が派遣され、翌年には裴世清《はいせいせい》が飛鳥にやってきた。

この時、本格的な寺院や館が整備され、飾騎《かざりうま》が裴世清を出迎えた。あっという間に日本は、裴世清も驚くような体制を整えたのだ。聖徳太子や蘇我氏の功績である。

蘇我氏が展開した仏教外交

この時代をリードしていたのは蘇我氏で、物部氏と妥協しつつも、「百済一極外交」を否定し、多くの地域と交流を持った。

最大の成果は高句麗や新羅との関係改善であろう。もちろん、流動化する東アジア情勢の中で、高句麗も新羅も、「日本とうまくやっていかなければ生き残れない」という切羽詰まった事情を抱えていた。

そして、日本が隋とつながり、東アジアの新秩序の歯車に組みこまれたことによって、朝鮮半島の国々は、日本を重視しだしたわけである。

たとえば新羅は、推古十六年（六〇八）に、高句麗に攻められ、八〇〇〇人が連れ去られるという事件に遭遇していた。二年後、新羅使は「任那使」をともなって来日し、「任那調」が実現していたのだ。

蘇我氏はおそらく、彼らの窮状を知った上で、手を結ぶことにしたのだろう。かつていがみ合い、殺し合っていたことは不問に付し、手を握り合ったのだ。

こうして、朝鮮半島の国々は、多くの貢物を携えて、来日した。

仏教が蘇我氏の全方位外交の象徴である。仏教を受け入れることで、高句麗も新羅も、「新しい仏教の潮流を伝える」という名目のもとに、日本とつながっていった。

隋の皇帝は、仏教に深く傾倒していて、この時期、仏教が東アジアの「共通語」になりつつあったのだ。

日本で最初の本格的寺院・法興寺が高句麗様式の伽藍《がらん》で、百済の工人が力を貸して建てられ、また高句麗の高僧が来日し、聖徳太子が師事したのは、このような蘇我氏の外交政策と大いに関わりのあることなのだ。

すでに述べたように、『隋書』倭国伝にある、「朝鮮半島の国々は日本を大国と仰いでいた」という一節は、このような蘇我氏の外交戦の勝利に由来するのである。

そして、蘇我氏の外交政策に不満を抱く人たちが存在したのも、一方の事実だ。

そして彼らは、蘇我本宗家滅亡を画策していく。

ここから歴史は、大きくうねりだしたのだ。

一気に親百済に舵を切った日本

蘇我入鹿暗殺の直前の国際情勢は、大きな転換期を迎えていた。

まず、中国の隋は度重なる高句麗遠征と土木工事で疲弊し滅び、推古二十六年（六一八）に唐が誕生していた。新たに生まれた唐を中心に、東アジア情勢は、揺れ動いていく。

唐は当初北方と西方の安定に精力を傾け、東方はおろそかになっていた。その間、高句麗と百済は、強大な独裁国家に変貌していく。

日本からは、舒明二年（六三〇）に、遣唐使が派遣された。

皇極元年（六四二）に、高句麗では、国王が殺され、蓋蘇文《がいそぶん》が独裁権力を手に入れた。

この時、蓋蘇文は、一〇〇人を超す反対派の貴族を皆殺しにしてしまった。王を擁立し傀儡《かいらい》にすると、まさに血の粛清が行われ、恐怖政治が始まったのだ。とは言っても、高句麗の軍事力は、専制政治によって、より強力になった。

一方百済の義慈王《ぎじおう》は、新羅を攻め、旧伽耶地域を奪取することに成功している。勢いに乗った百済は高句麗と手を結び、翌年には西海岸の新羅領を攻撃したのだ。新羅の善徳女王《ぜんとくじょおう》はたまらず唐に使者を送り、救援を求めた。

すると唐は、三国和親を説き、ここでようやく百済は謝罪し、新羅攻撃をやめたが、高句麗はむしろ唐に対して警戒心を露わにし、唐と敵対する道を選んだのだった。

ちなみに、百済が白村江の戦いで敗れた時のこと、『日本書紀』斉明六年（六六〇）秋七月条に、高句麗の沙門《ほうし》・道顕《どうけん》が記した『日本世記』の一節が引用されていて、それによれば、百済は自滅したといい、王后（義慈王の妻）は妖女で、道を踏み外し、国政をほしいままにし、優秀な人びとを誅殺《ちゆうさつ》してしまったというのである。

どうやら、百済の内部は、腐敗していたようだ。

蘇我入鹿が暗殺された皇極四年（六四五）に唐は高句麗征討を始め、この隙に百済は、新羅侵攻を始めたのだ。

大化三年（六四七）、新羅では親唐自立派が親唐依存派（唐の皇子を王に招こうと画策した）を排除し、王権強化を目論んだ。

ただし、百済の勢いはおさまらず、新羅は積極的に唐に接近し、唐の制度をそのまま受け入れるようになる。衣冠（衣服と冠）や年号を同じにし、律令を学び、唐風化にひた走った。

ここまでべったり寄り添えば、唐にとっても「かわいくないはずはない」ということになる。百済に対し、新羅征討を思いとどまるよう指示したのである。

けれども百済は、ここから唐と袂《たもと》を分かっていく。また、日本に急接近するのだ。

『日本書紀』白雉四年六月に、百済と新羅が日本に遣使して調進したとある。この時朝廷は、あちこちの道を修理して迎えいれたという。

ここでヤマト朝廷は百済を厚遇している。『百済本紀』には、義慈王十三年（六五三）八月に、倭国と修交したとある。

この時、日本で何が起きていたかというと、親蘇我派の孝徳朝の主だった顔ぶれが世を去り、孝徳天皇は追い詰められていたのだ。もっとも頼りにしていた旻法師《みんほうし》も、病床に伏し、百済使が来朝する直前の五月、天皇は、旻法師を見舞い、その手

を取って、

「もし法師が今日死ねば、私もあなたのあとを追って、明日死にます」

と、弱音を吐いている。翌月、旻法師は息を引き取った。同年是歳条には、太子（中大兄皇子）が孝徳天皇に、飛鳥遷都を進言し、拒否されると、孝徳天皇を残し、みなで遷都してしまい、天皇は恨んだと記される。

旻法師の死と遷都のどちらが先なのか、はっきりとは分からない。

しかし、孝徳天皇が中大兄皇子らに権力を奪われてしまった段階で、百済使がやってきた可能性は、非常に高い。

このあと触れるように、政権の外交政策を大きく転換し、極端な親百済体制を構築したのは、中大兄皇子と中臣鎌足であり、その「揺るぎない体制」を百済からさし向けられた使者が確認し、本国に報告して、百済は「唐を敵に回してもだいじょうぶ」と判断したと思われ、こののち唐に遣使しなくなる。

義慈王の太子（余豊璋《よほうしょう》）は、この時日本に人質として預けてあったから、両者の間で、何かしらのやりとりがあって、義慈王はそう判断したのだろう。かたや新羅の場合、西暦六五六年以後、日本との関係を絶っている。

ここで日本は、一気に親百済に舵を切ったのである。

百済救援に猪突したのは斉明朝の中大兄皇子

古代日本の外交史最大の汚点が、白村江の戦い（六六三年）で、中大兄皇子（天智天皇）は人びとの非難を浴びながら、遠征を強行し、日本は滅亡の危機に瀕したのだ。

中大兄皇子は孝徳天皇を孤立させ、飛鳥に戻ると、母を擁立した（皇極天皇が重《ちょう》祚《そ》し斉明天皇となった）。親蘇我派の母をなぜ立てたかというと、蘇我系豪族に対する「妥協」を示そうとしたのだろう。

ただし、実権を握り百済救援に猪突したのは、中大兄皇子である。

白村江遠征に至る歴史は、乙巳の変（六四五年）から始まっていた。蘇我入鹿が飛鳥板蓋宮《あすかのいたぶきのみや》大極殿《だいごくでん》で暗殺された時、事件現場に居合わせた親蘇我派の皇族・古人《ふるひとの》大兄皇子《おおえのみこ》は館に駆け戻り、

「蘇我入鹿が韓人に殺された。胸が張り裂けそうだ」

と叫んでいる。『日本書紀』の分注は「韓人《からひと》」について、「これは韓政《からのまつりごと》のこと」といっている。

一般にこの「韓政」について、三韓調進の場面で暗殺は実行されたことを言っているのだろうと推理する。中大兄皇子が蘇我入鹿を斬りつけた時、「蘇我入鹿は王家を蔑《ないがし》ろにし、王位を乗っ取ろうとしている」と、凶行の理由と正当性を訴えていて、ここで、「蘇我入鹿の外交方針は間違っている」とは言っていない。

さらに、蘇我本宗家滅亡後成立した孝徳政権で、外交方針の大転換は起きていない。だから、「韓政は三韓調進を利用して蘇我入鹿を殺した」という意味にとられているのだ。

しかし、これまでの常識とは異なり、孝徳政権は親蘇我派と筆者は考える。だから、孝徳天皇が蘇我氏の外交戦略を継承したのは当然のことと考える。

孝徳朝では、新羅との関係は強化され、逆に百済の遣使は途絶えている。

大化二年（六四六）九月、朝廷は高向博士黒麻呂《たかむくのはかせくろまろ》（高向玄理《たかむくのくろまろ》）を新羅に遣わし、人質を貢上させ、その代わりに任那の調をやめている。森公章は『戦争の日本史1

東アジアの動乱と倭国』の中で、次のように述べる。

倭国は旧加耶地域を領有している国に「任那調」貢上を要求し、「任那調」獲得による「任那復興」の形を整えるという従来の外交の基本方策を踏襲しているのであり、他方「質」の受け入れという方式で均衡外交の堅持にも努めたのである。

ここに、大きな問題が隠されている。百済がふたたび日本と親密な関係になっていくのは、孝徳天皇が捨てられたころであり、斉明朝は、明らかで極端な親百済外交を展開しはじめるのである。

どう考えても無謀としか思えない百済救援に猪突したのは、斉明朝の中大兄皇子であり、この人物は「親百済派」だから、「均衡外交」政策を取り続ける蘇我本宗家が邪魔になったのだろう。

多くの女人を九州に連れて行ったのは人質目的？

白村江の戦いに至るまでの斉明朝の動きには、いくつもの不審点がある。

『日本書紀』斉明二年（六五六）是歳条には、「時に、事を興すことを好みたまひ」とあり、「斉明天皇は事業を興すことを好まれた」といい、大々的な土木工事が執り行われたとある。

水工に溝を掘らせ、天香具山（奈良県橿原市）の西側から石上山（天理市）に通じる運河を造った。船に石を積んで、宮の東の山まで運び、石を積み重ねて垣にした。

人びとは誹《そし》って、「狂心《たぶれごころ》の渠《みぞ》」といい、「宮殿の用材は腐り、山は埋もれた」と非難した。また、「石の山丘を造っても、造ったそばから壊れるだろう」と言った。

岡本宮には、不審火があった。おそらく、遠征のために都を留守にするから、防備を固めたのだろう。通説は、唐の大軍が攻め込んできた時に対応するためと推理するが、そうではなく内政問題だと考える。

すなわち、「親蘇我派の残党」を警戒してのことだろう。

斉明六年（六六〇）七月、百済は新羅との戦闘に敗れ、一度滅亡する。義慈王たちは捕らえられ、唐に送られてしまった。

斉明朝の土木工事によって造られた溝が
復元された（奈良県明日香村）

同年冬十月、百済の名将（王族でもある）鬼室福信《きしつふくしん》は使者を日本に送り、人質として預けてあった百済王子・豊璋の召還と援軍を求めた。鬼室福信は残党を集め、豊璋を王に立て、百済復活を目論んだのである。

十二月、斉明天皇は難波宮に行幸され、鬼室福信の要請を受け入れ、筑紫に出向き、援軍を遣わそうと思われた（と『日本書紀』は言うが、主導したのは中大兄皇子だろう）。

この年、斉明天皇は新羅を討つために、駿河国《するがのくに》に命じて船を造らせた。

造り終わり、続麻郊《おみの》（伊勢国多気

郡）に曳いてきた。すると夜中に、理由もなく舳《へ》と艫《とも》の向きが逆になってしまった。人びとはこれを見て、この戦いが負けることを知った。また科野国《しなののくに》（長野県）から報告があった。

「蝿が群をなして西に向かい巨坂《おおさか》（科野と美濃の堺・神坂峠）を飛び越えていきました。群の大きさは十囲ばかり、高さは天に届くほどでした」

またこれは、援軍が敗れる凶兆と悟ったという。

『日本書紀』が、暗示を多用しているのはなぜだろう。非常識な土木工事と「こんな戦争負けるに決まっている」という、民衆の不満が高まっていたこと、政権の人気が無かったことを覆い隠すために、こういう記事を残したのだろう。

筑紫には斉明天皇のみならず、多くの女性が同行している。ここに、謎を解く鍵が隠されている。

斉明天皇は朝倉　橘広庭宮《あさくらのたちばなのひろにわのみや》（福岡県朝倉市）に赴いているが、海岸からずいぶんと内陸部に奥まった場所だ。これでは遠征軍の指揮を執ることはできない。ならばなぜ、斉明天皇以下、多くの女性までも、遠征に加わったのだろう。お荷物になるだけなのに、これは不可解だ。

斉明天皇はこの宮で息を引き取る。大津皇子《おおつのみこ》の姉・大来皇女《おおくのひめみこ》は、この遠征中に大《おお》田皇女《たのひめみこ》のお腹から生まれている。体力の衰えた老女（斉明天皇）と子が生まれそうな妊婦（大田皇女）も連れて行ったわけだ。常識では考えられない。

こういうことだろう。すでに触れたように、斉明女帝は親蘇我派であって、中大兄皇子は母を立てることで実権を獲得するとともに、親蘇我派を抑え込んだのだろう。

もちろん親蘇我派は百済救援を望まなかっただろうから、遠征中不慮の事態（たとえば、飛鳥を急襲される）を想定して、女性たちを「人質」として九州に連れて行ったのだろう。

不思議で仕方がないのは、負けると分かっている遠征に中大兄皇子を駆り立てたのは、何だったのか、である。

気になる中臣鎌足の素姓

鍵を握っていたのは、中大兄皇子の懐刀・中臣（藤原）鎌足であろう。

中臣鎌足の出自は怪しい。『日本書紀』における中臣鎌足の初出は皇極三年（六四四）春正月のことで、

中臣鎌子連《なかとみのかまこのむらじ》を、神祇伯《じんぎはく》（祭祀を司る神祇官の長官。ただし、この時代にこの役職はなかった）に任じたが、再三固辞して就かず、病と偽って三島（摂津国三島郡。淀川の右岸）に住んだ。

記事にあるように、はじめ中臣鎌足は「中臣鎌子連」の名で登場し、「中臣鎌足」になるのは、白雉五年（六五四）春正月、紫冠を下賜された場面まで下る。

不思議なことに、『日本書紀』は、中臣鎌足の父母の名を挙げない。くどいようだが、『日本書紀』編纂時の権力者は中臣鎌足の子で、もし中臣鎌足がまっとうな系譜のもとに生まれていたのなら、藤原不比等は祖父、祖母の名を高らかに掲げていただろう。

それができないのは、この人物が「成り上がり者」だった可能性を示しているし、多くの史学者も、そう考えている。

すでに述べたように、春日大社には、物部氏や尾張氏と関わりの深い神が東国から勧請されていたが、平安時代の『大鏡』には、中臣鎌足は鹿島神宮の神官だったと記されている。このため、「中臣鎌足＝鹿嶋出身説」は、根強いものがある。

しかし筆者は、中臣鎌足は百済王子・豊璋とみる。

理由はいろいろある。他の拙著の中で述べてきたことだが、古代日本の外交を考える上で、中臣鎌足の正体はどうしてもはっきりとさせておかなければならないので、ここでも語っておきたい。

さて、中臣鎌足は神祇伯任命を辞退したあと、かねてより親交を深めていた軽《かるの》皇子《みこ》（蘇我入鹿暗殺後に即位して孝徳天皇になる）の宮に身を寄せた。

軽皇子は中臣鎌足の心ばえが高く、立ち居振る舞いが立派なことを知っていたので寵愛した。ただし、中臣鎌足は軽皇子では満足できなかったようだ。

中臣鎌足は蘇我入鹿の専横を憎み、国家を私物化しようという野望を憤り、皇族と接触し、事を成し遂げる人物を物色した。お眼鏡にかなったのが中大兄皇子だった。

そして、法興寺の打毬《うちまり》の会で、言葉を交わすことに成功した中臣鎌足は、中大兄皇子と手を組み、蘇我入鹿暗殺計画を練っていくのである。

不審なのは、『日本書紀』の記事そのものだ。通説が言うように、『日本書紀』が「天皇家の正当性、正統性を証明するために書かれた」のなら、「中臣鎌足が皇族を物色した」という記事にはならなかったはずだ。

仮にこれが事実としても、「中大兄皇子が右腕となる人物を探し中臣鎌足を召し抱えた」と記録しなければおかしいのだ。

だいたい、登場した時の中臣鎌足の役職がはっきりとしていない。素浪人に等しい。ここも不可解だ。それが、皇位継承候補たちとともに行動できたという設定からして、怪しい。

なぜこのようなことが起きてしまったかといえば、『日本書紀』が「天皇家のためではなく藤原氏の正当性を主張するために書かれたから」だろう。

中臣鎌足は百済の豊璋

もうひとつ、蘇我入鹿暗殺現場でも、不可解な記事がある。

中大兄皇子は蘇我入鹿に直接斬りかかっているが、中臣鎌足は何をしていたかというと、弓矢を持って安全な場所から傍観していたのだ。

有力な皇位継承候補が体を張っている中、無位無冠の中臣鎌足が、なぜ高みの見物をしていたのだろう。

筆者は、中臣鎌足を人質として日本に送り込まれていた百済王子豊璋とみなすから、蘇我入鹿殺しを計画したとしても、暗殺現場にはいなかったのだろうと推理している。もし仮に豊璋が蘇我入鹿殺しに関わっていたことが露顕すれば、外交問題に発展するからだ。その微妙な立場を、『日本書紀』は「弓矢を持って遠くにいた」といっているのだろう。

中大兄皇子の懐刀・中臣鎌足＝豊璋は、中大兄皇子最大のピンチ・白村江の戦いの場面で、『日本書紀』から姿を消している。乱が終わると、いつの間にか、何食わぬ顔で再登場する。

中臣鎌足は、どこで何をしていたのだろう。豊璋が百済に帰還した時、中臣鎌足は歴史から消えたのだ。

中臣鎌足は豊璋だろう。豊璋が「中臣」の姓を名乗るようになったのは、もともと神祇に深く関わった中臣氏が物部氏同様「親百済派」で、前方後円墳体制が崩壊（ヤマト建国来続いた前方後円墳体制こそ、神祇祭祀の根本だった）し、仏教が一気に興隆する中、蘇我氏打倒で豊璋と手を組んだということが考えられる。

そして、豊璋は日本人に紛れ込むために、中臣氏の姓を名乗り、のちに中臣鎌足最晩年に「藤原姓」を下賜され、中臣鎌足の末裔は「藤原」を名乗り、本来の中臣氏は、そのまま中臣を名乗っていったのだろう。

それはともかく、中臣鎌足の子の藤原不比等の活躍によって、藤原氏は天皇を傀儡にして権力者の地位を固めるが、その間、藤原氏は百済系の亡命民と、命運をともにする。藤原氏が栄える時は、百済系渡来人も安定する。

藤原氏が、百済の仇敵・新羅を目の仇にしたのは、彼らが百済出身だからだろう。

豊璋は本国に戻り、最後の決戦に備えたが、この時名将・鬼室福信の人気が高いことを嫉妬し（もちろん、味方の将だ）、謀反の濡れ衣を着せて殺してしまった。鬼室福信の生首は「醢《すし》（塩漬け）」にされ、曝された。名将の死を知った新羅は、勢いづいたという。

豊璋は唐と新羅の連合軍を相手に籠城戦を強いられたが、決戦の直前、日本の水軍が応援に駆けつけたことを知り、守るべき城を抜け出し（自国民を置き去りにして）、日本の水軍に紛れ込んでいる。まったく、あり得ない話だ。

滅亡直前の百済の王家は、腐りきっていたようである。豊璋の父・義慈王の王后が妖女だったという『日本書紀』の記事は紹介したが、『百済本記』義慈王十六年三月条には、義慈王が宮廷で家臣とともに酒池肉林をくり広げていたこと、厳しく諫める者もいたが、王は逆恨みし、獄舎につないでしまった。

それ以降、誰も諫言することはなかったという。百済が滅びるのは、時間の問題だったのだ。だから、百済救援など、誰も望まなかったのである。

腐りきった百済に荷担するという判断こそ、大きな誤りであり、そのために蘇我本宗家は滅ぼされたわけである。

なぜ中臣鎌足は親百済派だったのか

義慈王の子・豊璋は、日本に二十年ほど暮らしていたし、みなに慕われていた鬼室福信を冤罪《えんざい》で殺してしまったのだから、民のために城で死ぬことはできなかったのだろう。

白村江の戦いののち豊璋は高句麗に逃げたと『日本書紀』は言うが、中国側は、「行方不明になった」といっている。おそらく豊璋は、日本に逃げてきたのだろう。

蘇我氏が築き上げてきた均衡外交は、豊璋の暗躍によって、台無しになってしまったのだ。

そして、東アジア情勢を無視した無謀な百済救援を強行したがために、日本は滅亡の危機に瀕した。

中大兄皇子は必死に西日本各地に山城を築き、唐と新羅連合軍の来襲に備えたが、「まず高句麗を滅ぼす」作戦がとられたこと、高句麗滅亡後、新羅が唐に対し反旗を翻したことから、日本は救われたのだ。

そして、朝鮮半島の動乱は、高句麗の滅亡と新羅の独立によって、終焉する。

しかし、一歩間違えれば、日本は唐の属国になっていただろう。その点、中大兄皇子の「私欲」によって外交政策を誤った代償は大きかったのだ。

白村江の戦い（六六三年）は、日本が東アジアで築き上げてきた地位を台無しにし、先人の苦労をすべて水の泡にしてしまった。

中大兄皇子は敗戦処理にかけずり回ったのち即位したが（天智天皇）、親蘇我派の大海人皇子《おおあまのみこ》（中大兄皇子の弟）を皇太子に立て、親蘇我派の豪族を政権の中枢に迎え入れなければ、政権運営はままならなかった。

中大兄皇子の目論み、目指した政策は、ことごとく破綻《はたん》し、妥協しなければ政権を運営することはできなかったのである。

天智天皇最晩年、皇位継承問題が持ち上がった。本来なら皇太子の大海人皇子が順当に即位すべきところを、天智天皇は子の大友皇子の即位を画策した。危険を察知した大海人皇子は、出家して吉野に隠棲する。

そして天智天皇崩御ののち、大友皇子と大海人皇子は激突した。これが、壬申《じんしん》の乱（六七二年）で、古代最大の内乱となった。

親蘇我派や東国を味方に引き入れた大海人皇子は、大友皇子を打倒し、飛鳥で即位して、体制を立て直した。これが、天武《てんむ》天皇であり、新羅との関係を修復していくのだ。

最後に残った謎は、なぜ中大兄皇子が、あの東アジア情勢の中で、極端な親百済派に偏《かたよ》っていったのか、ではなかろうか。誰もが、中大兄皇子の選択に対し、「遠征は失敗する」「狂心」と誹ったのである。

おそらく豊璋のロビー活動が、原因だろう。豊璋は人質として来日してすぐ、ロビー活動を展開し、反蘇我派で皇位継承の見込みのない中大兄皇子にすり寄り、蘇我入鹿暗殺をそそのかしたのだろう（拙著『大化改新の謎』ＰＨＰ文庫）。

中大兄皇子＝天智天皇は、古代史の英雄として名を留めているが、それは、ただ単に中臣鎌足の策に乗ったために、中臣鎌足とともに礼讃されているだけの話で、『日本書紀』を先入観抜きに読めば、中大兄皇子が藤原氏の笑いものになっていることに気付かされる。

日本の外交の歴史の裏側

こうして日本の外交の歴史を眺めてみると、われわれの常識とは裏腹に、古代の日本は、朝鮮半島と対等につきあっていたことが明らかになる。

朝鮮半島最南端の国々は、軍事力を当てにし、時に日本を大国と仰いだのである。

その一方で、七世紀に至るまで、日本の政権は、「中央政権の確固たる意志」を示すことができず、有力豪族それぞれが、独自のルートを伝《つて》に、外交戦を展開していた。

ここに、古代日本の限界が隠されていたのだ。だから六世紀に伽耶の領土をめぐる争いが起きると、日本の打ち出す策は、ことごとく的をはずし、すべてが裏目に出た。

しかも、半島国家は長い間戦乱に揉《も》まれ、生きるか死ぬかの交渉を続けてきたから、外交術に長けていた。その権謀術数に飲まれ、日本は半島の利権を、次々と失っていったのだ。

日本人は、せっかくキャスティングボートを握りながら、侮《あなど》られるようになってしまった。百済は一時期、日本と距離を置くようになったのである。

そして蘇我氏全盛期、均衡外交が功を奏し、伽耶滅亡によって低下していた日本の影響力は、ふたたび蘇った。日本の外交戦略は、ようやく一本化され、大局を観る目も磨かれてきたように思う。

ところが、百済が滅亡の危機に瀕し、ふたたび日本を頼りにするようになったころから、日本の外交はふたたび迷走し、白村江の戦いで奈落の底に突き落とされたのだ。引きずり込んだのは、百済である。

百済のロビー活動は執拗《しつよう》で、中臣鎌足（豊璋）は中大兄皇子の「皇位への執念」を利用し、蘇我入鹿暗殺に成功し、さらに親蘇我派の孝徳朝では、改革事業に対する反動勢力を味方につけ、要人暗殺をくり返した。

孝徳天皇の改革は失敗し、中大兄皇子は母を擁立して実権を握ったのだ。そしてここから、悪夢の百済遠征が始まるのだ。

なぜ、たったひとりのロビー活動で、「蘇我氏の築いたまっとうな外交戦略」はもろくも崩れ去ったのだろう。

ひょっとすると豊璋は、度を超えた日本人の「お人好し」と「間抜けぶり」に、唖然《あぜん》としていたのかもしれない。蘇我系皇族聖徳太子が作ったという憲法十七条の条文を読みながら、腹を抱えて笑っていたのではあるまいか。

「和なるを以て貴しとし」「逆らい、背いてはならない」「上下の者が和《なご》みむつみ合い、また議論を通じて合意すれば、ことの道理は自ずから通じる」「貪《むさぼ》りを絶ち、欲を捨てて、公平に訴訟を裁け」「人の善は隠すことなく、悪をみたら、必ずただせ」「信は義のもとだ」「忿怒《ふんど》を絶ち、怒りの表情を表さず、自分の意見と他人が違うからといって、怒ってはならない。人それぞれは違う。自分は聖人ではなく、他人は愚者でもない」などなど、儒教や仏教など、あらゆる文書、信仰、思想を取り込んだ啓蒙の文章が並ぶ。

朝鮮半島の人びとは、殺し合い、憎しみ合い、裏切り、裏切られ、地獄をみてきたのだから、「こんなきれいごとを……」と、あきれかえっていたにちがいない。

ここに、豊璋がつけ込む隙があったと思う。

豊璋に残された選択肢は、祖国の滅亡を指をくわえて見すごすか、日本を動かし百済を復活するかの二つしかなかった。死ぬか生きるかの選択に等しい。

だから、ことさら豊璋を責める気はない。しかし義慈王と豊璋の親子は、「下の者から尊敬されなかった」ところに問題がある。人の上に立つ器量がなかったのだ。それにもかかわらず、権力欲だけは人一倍だった。

嫉妬に駆られ優秀な部下を冤罪で殺し、晒《さら》し首にし、籠城する兵を捨てて逃げてしまったような「身勝手な王様（豊璋）」の「狡知《こうち》」によって、日本が滅亡の危機に突き落とされたという歴史的事実を、われわれは、けっして忘れてはならない。

このの後藤原氏は、独裁権力を握るだけではなく、天皇を傀儡にし、皇族でさえ言うことを聞かなければ、容赦なく抹殺していった。

他の貴族（豪族）との共存は許さず、多くの優秀な人材が、邪魔にされ、殺された。藤原氏だけが栄える時代が到来したのだ。

「和なるを以て貴しとし」などと言っている「アマちゃんの日本人」など、赤児の手をひねるようだったのかもしれない。

これが、歴史の教訓なのだ。

終章　日本人の正体

日本は「お人好し」だけが集まった国？

激動の朝鮮半島と、東海の孤島日本の歴史をふり返ってきた。

ここから、何が読み取れたのだろう。そして、未来に向けた指針は見つかっただろうか。

当時の朝鮮半島の人たちからみれば、日本の政治家たちは「苦労知らずのボンボン」に見えていたのかもしれない。

だからといって、日本人が中国や朝鮮半島の人びとのような外交センスを獲得して、利を求めて動き回れと言いたいわけではない。「お人好し」こそ、日本人の美徳のひとつと思えてくるのだ。

そしてこの「お人好し」は、気の遠くなるような太古の昔から続く、われわれの気質ではないかと思えてくるのである。

古代の日本人は、海の外から渡ってくる者を拒《こば》まなかった。「多様性」を認める習慣が身についていたのだ。われわれ自身も、「どこかからここに辿り着いたひとり」だったからであろう。

日本人は、日本列島で生まれて独自の進化を遂げた単一民族ではない。科学の急速な進歩によって、人類はアフリカ大陸のひとりの女性から生まれ、皮膚の色を変えアフリカを旅立ち、その後いくつものルートを辿り、時間の差を経て、われわれの先祖は極東の日本列島にやってきたことが分かってきた。だから、混じりっけのない「日本人」など、どこにも居ないのである。

われわれの祖は呑気に獲物を追ってやってきたのだろうか。マンモスやヘラジカ、バイソンを追う狩人たちはサハリンからさらに進み、最後は獲物についてきて、気付いてみたら日本列島にたどり着いていたのだろうか……。

なぜ、大陸と日本列島が氷でつながってしまうという想像を絶する極寒の時代、好きこのんでシベリアに行くだろうか。なぜ、南進して温暖な地域に住もうと思わなかったのだろう。

そうではなく、そもそもアフリカを飛び出した人びとは、迫害されて飛び出し、その人たちの中でも、弱かった人びとはさらに外側に追いやられ、もっともお人好しで弱かったのが、日本人の祖先なのではないか……。

アフリカから各地に散らばっていった人たちは、「開拓精神に満ちあふれていた」のではなく、さらに弱い人たちは、どんどん追い詰められ、極東の日本列島にたどり着いたのではあるまいか。

しかも集団の中でも弱い人、お人好しだけがどんどん東に追いやられたイメージがある。

というのも、日本人を形成する「遺伝子」最大の特徴は、「多様性」だからだ。人類の祖は大きく分けて三つのグループに分かれてアフリカを旅立ったが、その三つの遺伝子すべてが、日本列島には存在するのだ。これは世界中見渡しても稀なことなのだという。

日本語にしても、「多様性」というキーワードを用いないと、理解できないらしい。

日本語の特徴のひとつが、世界の主な三〇〇〇の言葉の中で、分類が定まっていないことで、このような例は、ヨーロッパのバスク語と日本語だけなのだという。ただし、バスク語は孤立していたから周辺と系統を異にしているのに対し、日本語の場合まったく逆で、複数の系統の言語が寄せ集められたため、分類不可能になってしまったようなのだ。

日本人の文化気質は他の東アジアとは異なる

日本人の文化、風習は、隣人である東アジアの人びととは、どこかがちがう。ひょっとすると、日本人は世界で一番「弱い」民族なのではなかろうか。身長は低く、運動競技では、知恵を働かせて体力の弱点を補わなければならない。

前回の東京オリンピックで世界を驚かせた女子バレーは、「東洋の魔女」と呼ばれたが、その後日本の編み出した戦術は世界に広まり、不利なルール変更も行われ、徐々に力を落としていった。

弱いから日本にやってきた証拠はどこかにないだろうか。

今では当然のように語られる「人類アフリカ発生説」だが、昭和五十二年（一九七七）に、「白人は黒人の白子《しらこ》説」を唱えた人がいる。

それが、高野信夫で、『黒人→白人→黄色人』（三一書房）の中で、無視できない指摘をしている。

結論をまず先に言ってしまえば、人の皮膚の色の起源を求める時、大きな役割を負っていたのは、「白子」ではないかというのだ。

すなわち、二〇〇万分の一の確率で白子が生まれるが、白人は最初は黒人の白子だったのではないか、という。

この考えは、もともと白人の学者が提出したものだが、高野信夫は、黄色人種の起源にも、この白子が関与していたのではないかと指摘したのである。

高野信夫は、かつての進化論やこれまでの人類学者の研究は、白人にとって都合の良い考えだったと糾弾している。

この道の研究者は白人が主体であり、白人の優位性を強調する考えばかりが大手をふるっていた。しかも、世界中のヒトの上に君臨するようになった白人はあらゆる点でも優秀であるとしなければおさまらなかった。前に述べたように白人が一番先にヒトとして登場してきたと考えるのも、また、白人が一番進化しているという考えも全く同じである。果ては白人のみがヒトで、神様の次に偉い位置におり、白人以外の黒人も黄色人も下等な動物と同じ地ベタに這いつくばって存在する虫ケラに等しいと考えたり、また、その考えのもとに行動もしてきた。

おそらく、今から四十年前の、学界の雰囲気に、高野信夫は憤っていたのだろう。次のようにも言っている。

人類差別をしない良識のある学者とは名ばかりで、実はヒトの皮膚の色を、黒人、白人、黄色人に分けて研究する奴は現代の良識からはずれているケシカランキチガイだという風潮を作り上げ、皮膚の色の研究に大きな制限を課してしまっている。その結果は今までに白人が作り上げた実績をそのまま温存させることとなる。ここでヒトの皮膚の色の起原の研究を打ち切ってしまえば、当然、白人が一番優秀で、黒人も黄色人も奴隷的身分に甘んじなければならない。

つい数十年前まで、強い差別意識を、白人が抱いていたことは、筆者も事実と思う（今でもすべて改善されたわけではない）。

それは会田雄次の『アーロン収容所』（中公新書）を読めば、よく分かる。白人が黄色人種を「同じ人間」と見ていなかったことは、たしかなのだ。

戦後になっても事情は大きく変化しなかった。映画『猿の惑星』の中で描かれているのは、白人が「野蛮だったはずの黄色人種（具体的には日本人なのだが）」に追い上げられていることの危機感である。

日露戦争に際し、ロシアの新聞が、「黄色人種の日本人に、他国を支配できるはずがない」「われわれのマネをするなど、かた腹いたい」と罵倒しているのも、無視できないのである。

なぜ白人は、自らの優位性にそこまでこだわるのだろう。これには、宗教的な裏付けも隠されていると思う。

キリスト教は唯一絶対の男神が人類を生んだと考える。そして、キリスト教徒は、野蛮で無知な非キリスト教徒を「キリスト教の高みに引き上げる義務がある」と信じたのだ。

大航海時代に白人たちがこぞって大海原に出て行った理由のひとつが、ここにある。植民地支配と奴隷制の大義名分は、キリスト教の論理だったわけである。

それはともかく、人種の起源を高野信夫はどう考えているのだろう。

皮膚の色を決めるのはメラニンという色素で、これが多いと黒人に、ほとんどなければ白人となり、その中間が黄色人となり、まったくない場合を白子という。

そして高野は、白人は黒人の白子だったのではないかと考えたのだ。

解剖学的には、ほかの人間と白子はなんら変わることなく、ただメラニン色素がないだけだ。

そして現在でも、黒人、白人、黄色人すべてに白子は生まれるが、白人の白子の場合、小学生になるまでに調べないとあとは分からなくなってしまうという。成長すると、白人の白子は白人と見分けがつかなくなってしまうのだ。

白子は劣性遺伝だから、白子と白子でないヒトの間の子が白子になるとは限らない。ただし、白子と白子の子は、白子になる。白子同士の結婚が何十代か続くと、白子の因子が定着し、これが白人となる。

高野信夫は人類がまだアフリカだけに住んでいたころ（みな黒人）、産まれ落ちた白子が隔離され、差別され、白子同士が結婚し子をなし、グループを形成し、疎外された挙げ句に、黒人の支配していた地域から追い出され、新天地を求めてアフリカを飛び出したのではないかというのである。

他者との共存を拒み続けてきた漢民族

この発想を、精神分析学者・岸田秀も継承している。白人は人種差別の結果「人為的に製造された」といい、「白人種はつねに消滅の恐怖に怯え続けていた」から、「人種差別観念が白人種においてひときわ強い」という。

すなわち、白人の有色人種に対する差別は、「根深い劣等感」に起因しているというのである（『嘘だらけのヨーロッパ製世界史』新書館）。

なるほど、そう考えると、多くの謎が解けてくる。

白人は、ただ単に差別されただけではなく、身体能力でも、劣っていたのだと思う。オリンピックや、スポーツを観れば（ある程度金銭的余裕がないとできない冬のオリンピック競技は別として）黒人の身体能力は、ずば抜けて高い。

その次が南太平洋（オセアニア）の島々の人びとだろう。体格差と俊敏性が大きくものを言うラグビーでも、この地域の人びとはずば抜けた身体能力を発揮する。

彼らはアフリカからもっとも早く外に飛び出した人びとだという。

その次が白人であろう。そして黄色人種は、一番低く、さらに、東アジアの中でも日本列島のわれわれが、一番身長が低い。

とすれば、われわれの御先祖様たちは、他と比べて「弱かった」「お人好しだった」から、豊かな土地をどんどん追い出され、ついに、極東の島国に辿り着いたのではなかったか。

われわれの御先祖様のD系統やC3系統（ハプログループ）の人びとは、一万三千年前には東アジアに広く分布していたが、いつの間にか、東アジアや朝鮮半島にも、いなくなってしまったという。

そして、日本列島とチベットだけに存続するようになったのだ。その原因を作ったのが、O3系統（O3e系統）だという。O3系統が膨張して、他の民族を追い出してしまったのだ。O3系統とは、漢民族のことである。

ユーラシア大陸東部・東アジアにおいてはこのようにO系統（とくにO3系統）という地域特異的なヒト集団の膨張が歴史的に続いてきて、この地域のDNA多様性を喪失させてきた（崎谷満『DNAでたどる日本人10万年の旅』昭和堂）。

O3系統による先住系集団に対する圧迫や潰滅は朝鮮半島でも起きていたという。朝鮮半島先住の民は、一度漢民族にほとんど滅ぼされてしまったようだ。

黄色人種の中でも、漢民族は他を圧倒し、「共存を許さない」という特異な性格を持ち続け、これはもはや遺伝子にすり込まれているのではないかと思えてくる。漢民族の笑顔に欺されてはいけないのである。

日本人の不思議な正体

こうしてみてくると、人類の誕生から今日に至るまでの、ひとつの物語が浮かび上がってくる。

それは、人類がアフリカで生まれ、やがて白人が飛び出し、われわれの先祖も、アジアにやってきた……。

そして、時は流れ、大航海時代を経て帝国主義の時代、黒人や黄色人種の国々は、白人の植民地になり果てた。

強力な火器を手にしキリスト教のお墨付きを得た白人は、この時代無敵だった。けれども、最後の最後、極東の島国・日本に魔の手が伸びた時、時代の逆流が始まったのだ。

すなわち、白人キリスト教世界の「非キリスト教世界をキリスト教世界の高みに引き上げる義務」という大義名分のもとに、「野蛮人」「有色人種」を支配してきた体制は、崩れていく。歴史は一巡し、弱い者の逆襲が始まったのである。

極東の島国に追いやられたわれわれの御先祖様たちには、もはや逃げる場所はなかった。この島国が、最後に追い詰められた場所だったのだ。

恐竜の全盛期にネズミほどの大きさのほ乳類が細々と生きていた時代を思い起こしてしまう（覚えているわけではないが）。おそらくわれわれの御先祖様たちは、逃げに逃げて、凍った海を渡り、あるいは、船を漕ぎ出して、ようやく日本列島にたどり着いたのだろう。

けれども「残り物には福がある」ではないが、意外にも、日本列島は住みやすかった。海と森に囲まれ食料は豊富で、寒暖の差も激しくなかった。そして、豊かな四季と箱庭のような絶景……。

るのである。

神様は、なんと皮肉な物語を用意したのだろう。もっとも弱いわれわれの祖が、誰もが羨《うらや》むような土地に導かれたのだ。これは、ご褒美ではないかとさえ思えてくるのである。

おそらく、御先祖様たちは、この僥倖《ぎょうこう》を喜んだことだろう。

そして、「人類でもっとも弱い人たち」は、逃げてくる人たちを鷹揚《おうよう》に受け入れ、「ここしか生きる場所はないのだから、うまく共存しなければ生きていけない」という諦念《ていねん》から、欲を捨て、他人を思いやる心を育てていったのだと思う。

しかも、海は外敵から身を守るための城壁の役割を担った。こうして、お人好しの日本人が育っていったのだろう。

われわれは、身体能力の劣った民族なのだ。素手で他国民と争えば、必ず負けるのだ。勝つとすれば、工夫と人一倍の練習が必要になろう。

けれども、弱いからこそ見えてくる風景があるはずだ。われわれは、民族の歴史の中から「共存」という智恵を育《はぐく》んできた。

かつてノーベル文学賞を取った大江健三郎は、「あいまいな日本」と卑下して見せたが、「あいまい」なことは、美徳にもなり得ることを、忘れてはならない。あいまいに共存することも、これからの世の中には必要なことではないか。

日本人の十万年にわたる歩みを俯瞰すれば、極東の孤島でわれわれが暮らしてきたことは、奇跡のように思えてならない。

そして、日本的発想は特殊であるけれども、これからの世界に必要な「何か」であることは、間違いないと思うのである。

参考文献

『古事記祝詞』日本古典文学大系（岩波書店）
『日本書紀』日本古典文学大系（岩波書店）
『風土記』日本古典文学大系（岩波書店）
『萬葉集』日本古典文学大系（岩波書店）
『続日本紀』新日本古典文学大系（岩波書店）
『魏志倭人伝・後漢書倭伝・宋書倭国伝・隋書倭国伝』石原道博編訳（岩波書店）
『旧唐書倭国日本伝・宋史日本伝・元史日本伝』石原道博編訳（岩波書店）
『三国史記倭人伝』佐伯有清編訳（岩波書店）
『先代舊事本紀』大野七三（新人物往来社）
『日本の神々』谷川健一編（白水社）
『神道大系　神社編』（神道大系編纂会）
『古語拾遺』斎部広成撰、西宮一民校注（岩波文庫）
『藤氏家伝　注釈と研究』沖森卓也、佐藤信、矢嶋泉（吉川弘文館）
『日本書紀　１　２　３』新編日本古典文学全集（小学館）

『古事記』新編日本古典文学全集（小学館）
『弥生文化の成立』金関恕（角川選書）
『市民の考古学13　古代日本と朝鮮半島の交流史』西谷正（同成社）
『倭人への道』中橋孝博（吉川弘文館）
『岡正雄論文集　異人その他』大林太良編（岩波文庫）
『〈新〉弥生時代』藤尾慎一郎（吉川弘文館）
『日本民俗の起源』金関丈夫（法政大学出版局）
『日本の中の古代朝鮮』金達寿（学生社）
『日本の中の朝鮮文化』金達寿（講談社文庫）
『倭人伝を掘る　吉野ヶ里・原の辻の世界』長崎新聞社／佐賀新聞社・合同企画（長崎新聞社）
『黒人→白人→黄色人』高野信夫（三一書房）
『稲作渡来民』池橋宏（講談社選書メチエ）
『稲の日本史』佐藤洋一郎（角川選書）
『海から見た日本人』後藤明（講談社選書メチエ）
『日本人になった祖先たち』篠田謙一（日本放送出版協会）
『東アジアの動乱と倭国』森公章（吉川弘文館）
『ＤＮＡでたどる日本人10万年の旅』崎谷満（昭和堂）

『海人たちの足跡』永留久恵（白水社）
『縄文社会と弥生社会』設楽博己（敬文舎）
『日本の歴史　一　列島創世記』松木武彦（小学館）
『縄紋から弥生への新歴史像』広瀬和雄（角川書店）
『海を渡った縄文人』橋口尚武（小学館）
『日本の古代　1　倭人の登場』森浩一編（中央公論社）
『日本歴史を点検する』海音寺潮五郎・司馬遼太郎対談（講談社）
『騎馬民族国家』江上波夫（中公新書）
『神話と古代文化』古賀登（雄山閣）
『続・神々の体系』上山春平（中公新書）
『日本書紀研究　第一冊』三品彰英編（塙書房）
『世界の歴史　6　隋唐帝国と古代朝鮮』礪波護、武田幸男（中央公論社）
『日本の歴史　別巻1　任那と日本』金廷鶴（小学館）
『古代日本の「地域王国」と「ヤマト王国」下』門脇禎二（学生社）
『古代最大の内戦　磐井の乱』田村圓澄、小田富士雄、山尾幸久（大和書房）
『枚方歴史フォーラム　継体大王と渡来人』森浩一、上田正昭編（大巧社）
『嘘だらけのヨーロッパ製世界史』岸田秀（新書館）

著者紹介
関　裕二（せき　ゆうじ）
1959年、千葉県柏市生まれ。歴史作家。仏教美術に魅せられて足繁く奈良に通い、日本古代史を研究。文献史学・考古学・民俗学など、学問の枠にとらわれない広い視野から日本古代史、そして日本史全般にわたる研究・執筆活動に取り組む。
主な著書に、『大伴氏の正体』（河出書房新社）、『蘇我氏の正体』（新潮文庫）、『古代史の秘密を握る人たち』『おとぎ話に隠された古代史の謎』『検証！ 古代史「十大遺跡」の謎』（以上、PHP文庫）など。

ＰＨＰ文庫　古代日本人と朝鮮半島

2018年５月11日　第１版第１刷
2022年５月６日　第１版第12刷

著者	関　裕二
発行者	永田貴之
発行所	株式会社ＰＨＰ研究所

東京本部　〒135-8137 江東区豊洲5-6-52
PHP文庫出版部　☎03-3520-9617（編集）
普及部　☎03-3520-9630（販売）
京都本部　〒601-8411 京都市南区西九条北ノ内町11

PHP INTERFACE　https://www.php.co.jp/

組版	有限会社エヴリ・シンク
印刷所 製本所	大日本印刷株式会社

ISBN978-4-569-76825-0

PHP文庫

検証！古代史「十大遺跡」の謎

三内丸山、荒神谷、纒向、平城京……

関 裕二 著

考古学の進歩により日本の成り立ちが、遺跡から徐々に判明してきた。日本人のルーツ、神話の信憑性、天皇家の来歴など、古代史の謎に迫る。